Gottsucher

Dichter-Bekehrungen im 19. und 20. Jahrhundert

Zwölf Dichterporträts

Matthias Hilbert

Steinmann

1. Auflage

Covergestaltung: Gabriel Steinmann, München
Coverfoto: Asmus Steinmann, Soltau
Herstellung: BoD – Books on Demand GmbH, Norderstedt
Printed in Germany

ISBN 978-3-927043-78-7

Gottsucher

Dichter-Bekehrungen im 19. und 20. Jahrhundert

Zwölf Dichterporträts

Matthias Hilbert

Adelheid

in Dankbarkeit gewidmet

INHALTSVERZEICHNIS

Vorwort

Es hat in den letzten beiden Jahrhunderten viele bedeutende Dichter gegeben, die als Christen in ihren Romanen und Dramen ganz bewusst christliche bzw. religiöse Themen und Fragestellungen aufgenommen und reflektiert haben. Die dem Menschen typischen Grundfragen nach Gott, nach menschlichem Leid und Sterben, nach Schuld und Schuldbewältigung, nach Lebensorientierung und -bewährung u. a. m. sind von ihnen nicht ausgeblendet oder gar tabuisiert, sondern in ihrer Dichtung vor dem Hintergrund eines christlich-humanistischen Welt- und Menschenbildes überzeugend und anregend aufgenommen worden. Durch diesen Einbezug einer „transzendenten Dimension" haben ihre Werke oftmals eine ganz besondere Vertiefung und Bereicherung erfahren. Sich dieser Dichter zu erinnern, ist eine lohnende Aufgabe. Dies gilt besonders für unsere Zeit, in der durch die Infragestellung und Erosion christlicher Werte und Moral ein Vakuum und Defizit entstanden ist an religiöser Sinngebung und Lebensverortung. Die in meinem Buch vorgestellten Dichter haben nicht nur zu den oben genannten menschlichen Grundfragen immer noch etwas zu sagen, sondern können ihrerseits auch manche Anregung geben für eine erneute und vermehrte Wiederaufnahme des „christlichen Faktors" innerhalb der modernen Dichtung und Kultur. Und das ohne falsche Scham, ohne karikierenden Unterton oder krampfhafte Problematisierungen – sondern aus Überzeugung.

Bei der Behandlung der einzelnen Dichter ist es mir nicht so sehr um eine Wissensvermittlung nach Art eines Lexikons gegangen. Vielmehr soll der Leser ein sehr lebendiges und differenziertes Bild von der Persönlichkeit des Dichters, seiner biographischen Entwicklung und seinen spezifischen Prägungen erhalten. Und das nicht zuletzt unter der besonderen Berücksichtigung seines Glaubens und seiner Glaubensentwicklung, aber auch bezüglich der Art und Weise, wie dieser Glaube Ausdruck gefunden hat in seinen dichterischen Werken. Es soll – so meine Absicht – ein (sehr persönliches) *Porträt* des jeweiligen Dichters entstehen, bei dem der Leser am Ende das Gefühl hat, diesen tatsächlich ein Stück weit „kennengelernt" und einen neuen Zugang zu seinem Opus gewonnen zu haben.

Bei dem Verfassen der Dichterporträts bin ich im Übrigen bemüht gewesen, immer wieder auch den Dichter selbst zu Wort kommen zu lassen. Ihm in erster Linie gerecht zu werden, darum ist es mir gegangen. Insofern ist auch die Vernetzung der

Selbstaussagen der Dichter mit meinem Text integrativer Bestandteil der einzelnen Porträts.

Gladbeck, im Oktober 2020

Matthias Hilbert

G. K. Chesterton:
Frommer Querdenker wider den Mainstream

Als „Raufbold Gottes", als „Poet der Orthodoxie" wurde er bezeichnet, der schrullige, schwergewichtige und originelle Romanautor, Journalist und Essayist Gilbert Keith Chesterton (29.5.1874 - 14.6.1936). Es war nicht nur die von ihm geschaffene Figur des Hobbydetektivs „Pater Brown", jenes liebenswürdigen, unscheinbaren katholischen Geistlichen, der durch seine Menschenkenntnis und scharfsinnige Kombinationsgabe Freund und Feind verblüffte, es waren auch nicht nur seine von Ironie und Satire sprühenden Romane wie *Der Mann, der Donnerstag war*, *Kugel und Kreuz* oder *Das fliegende Wirtshaus*, mit denen er seine große Fangemeinde entzückte. Auch als unerschrockener wie unbestechlicher Zeitkritiker und christlicher Apologet erregte Chesterton immer wieder Aufsehen und war eine zu seiner Zeit allseits bekannte öffentliche Persönlichkeit mit Kultcharakter, an der sich die Geister rieben. Wie etwa die damaligen Dichterikonen Bernhard Shaw oder H. G. Wells, mit deren politischen und weltanschaulichen Ansichten er konträr stand, und mit denen er in Art eines „Federkrieges" seine Kontroversen austrug. Was der gegenseitigen Wertschätzung, ja, Freundschaft im Übrigen keinen Abbruch tat!

Der lebensfrohe, vitale und doch zugleich kindlich fromme Chesterton war und dachte nun einmal „anders" als die Mehrzahl der Intellektuellenkaste seiner Zeit, die den damals vorherrschenden Meinungstrends in seinen Augen erstaunlich unkritisch anhingen. Stattdessen zog er unverdrossen gegen die modernen Glaubens- und Lehrsätze des Marxismus und Skeptizismus, des Darwinismus und Atheismus zu Felde und scherte sich herzlich wenig um das, was man heute als „politische Korrektheit" bezeichnet. Doch Chesterton war alles andere als ein notorischer Nörgler oder geltungssüchtiger Querulant. Er nahm für sich aber das Recht in Anspruch, selbständig zu denken und sich eine vom Mainstream unabhängige Meinung zu bilden. Und diese dann auch als konstruktiver Querdenker offensiv zu vertreten. Dabei bediente er sich bevorzugt überraschender, witziger (und zugleich doch ernst gemeinter) Paradoxien, die er brillant zu bilden und mit deren Hilfe er den gegnerischen Standpunkt wirkungsvoll zu attackieren verstand.

Chesterton wuchs in einer Zeit auf, in der sich bereits viele Menschen vom christlichen Glauben abgewandt hatten. Er selbst war als junger Mann – nach seinen eigenen Worten – „fast ganz Heide und Pantheist" gewesen und dachte damals „so wenig daran, Katholik zu werden, wie Kannibale zu werden". Im Verlauf seines Kunststudiums durchlebte er eine Phase, „die voll von Zweifeln, Schwächen und Versuchungen" war und die in seinem Geist „für immer die Gewissheit einer objektiven, greifbaren Wirklichkeit der Sünde zurückgelassen" hatte. Damit spielte Chesterton u. a. auf seine damalige Beschäftigung mit dem Spiritismus an, die beinahe zu einer für sein weiteres Leben unheilvollen Weichenstellung („zur Teufelsanbetung oder der Teufel weiß wozu") hätte führen können.

Da lernt er eines Tages die junge Sekretärin Frances Blogg, die später seine Frau werden sollte, kennen. Die Art und Weise, wie sie ihre christlichen Überzeugungen lebt, beeindruckt ihn außerordentlich. („Dass jemand die Religion als etwas ansehen konnte, was sich wie Gartenbau praktisch betätigen ließ, war für mich etwas völlig Neues, – neu und unbegreiflich.") Die Verbindung mit Frances sollte sich für Chesterton als ein ausgesprochener Glücksfall erweisen. Bei seiner lebensbejahenden Vitalität und seinem Hang zu übersprudelnder Aktivität und Phantasterei, bei seiner fatalen Zerstreutheit und Selbstvergessenheit, bei all seinen eher für einen eingefleischten Junggesellen denn für einen Ehemann typischen Schrullen und Marotten, bei seiner Sorglosigkeit und Freizügigkeit in pekuniären Dingen, – gegenüber all diesen und anderen im Charakter und der besonderen Originalität ihres Mannes liegenden Eigenschaften bildete sie – ohne dass sie ihren Ehepartner, den sie vorbehaltlos liebte, zu gängeln versuchte – ein wichtiges, ausgleichendes Pendant.

Chestertons zunehmendes Angezogen-Sein und Überzeugt-Werden von der Wahrheit des christlichen Glaubens rührte jedoch nicht nur von seiner Bekanntschaft mit Frances her und der unkomplizierten, authentischen Art, wie sie ihren Glauben vertrat und in ihr Leben und ihren Alltag integrierte, sondern seine Glaubensoffenheit wurde auch durch Beobachtungen hervorgerufen, die er als junger Mann in verschiedenen Debattierklubs und literarischen Kreisen anstellte. Was er hier sah und auf sich einwirken ließ, machte ihn nun doch mehr und mehr nachdenklich hinsichtlich der Substanz der Argumente derer, die das Christentum gar zu flott als überholt erklärten, und von seinen Vertretern, d. h. den Pfarrern, ein auf offensichtlichen Vorurteilen beruhendes Zerrbild zeichneten, das eher einer Karikatur entsprach, als einer objektiven Wiedergabe der Wirklichkeit.

„Die ‚Intelligenzia' der künstlerischen und etwas anarchistischen Klubs", so Chesterton, „bildete in der Tat eine sehr seltsame Welt. Und das Seltsamste war meiner

Meinung nach, dass sie nicht dachte, obwohl sie sehr viel über das Denken dachte. Alles schien aus zweiter oder dritter Hand zu kommen, von Nietzsche oder Tolstoi oder Ibsen oder Shaw. Es war eine vergnügliche Atmosphäre, über all diese Dinge zu diskutieren, ohne das geringste Verantwortungsgefühl." Durch das Zeugnis und die Beiträge von Geistlichen, die an diesen „uferlosen Diskussionen" teilnahmen, wird Chesterton jedoch mehr und mehr von den Wahrheiten des christlichen Glaubens, von seiner Schlüssigkeit und Alternativlosigkeit – auch was die Bewältigung seines Schuldproblems betraf – überzeugt. (Auch wenn er später, nachdem er sich der katholischen Kirche angeschlossen hatte, gar nicht einmal so oft zur Beichte ging, war ihm der Beichtvorgang doch so ernst und war er im Ablegen seines eigenen Schuldbekenntnisses so selbstvergessen, dass seine Beichte dann bei der von ihm angewandten Lautstärke durch die ganze Kirche hallte ...)

Aber auch das schon in seinen jungen Jahren sich entwickelnde Grundgefühl der Dankbarkeit und des Staunens über die kleinen und großen Dinge der Schöpfung und des menschlichen Daseins sowie die Erkenntnis, dass im Grunde nichts, aber auch gar nichts, im Leben selbstverständlich ist, hatte Chesterton immer stärker in Beziehung zu Gott gebracht. Diese Einstellung, diese „Wachheit" für alles Schöne und Gute brachte ihn aber auch dahin, dass er das Leben aus einem dankbaren Herzen heraus zu lieben vermochte und immer wieder von einer großen Lebens- und Glaubensfreude erfasst wurde. „Der Urfluch aller Geschichte", meinte er einmal, „hat uns die Neigung beschert, der Wunder müde zu sein. Sähen wir die Sonne zum ersten Mal, dann wäre sie der furchtbarste und schönste Meteor überhaupt. (...) Die Demut versetzt uns immer wieder in die ursprüngliche Finsternis zurück. (...) Ohne Einsicht in diese ursprüngliche Finsternis, in der es für uns nichts zu sehen und nichts zu erwarten gibt, bleibt es uns verwehrt, aus kindlichem Herzen ein Loblied auf die phantastische Sinnlichkeit der Dinge anzustimmen. (...) Dem Demütigen, und ihm allein, ist die Sonne wirklich eine Sonne; dem Demütigen, und ihm allein, ist das Meer wirklich ein Meer. Schaut er in die vielen Gesichter der Straße, dann erkennt er nicht nur, dass die Menschen lebendig sind; mit wilder Freude erkennt er, dass sie nicht tot sind."

Als frommer kritischer Geist und Querdenker prangerte Chesterton die weitverbreitete Fortschritts- und Wissenschaftsgläubigkeit seiner Zeit an. Er verwies auf die Relativität und Vorläufigkeit jeglichen wissenschaftlichen Erkenntnisstandes und wunderte sich über die Gewohnheit mancher Wissenschaftler, „eine Hypothese rasch in eine Theorie und aus einer Theorie in eine Behauptung umzuschmieden“. Vor allem rief die Bestreitung eines Schöpfergottes, die sich auf die populärwissenschaftlich verbreiteten Lehren Darwins und Haeckels berief, Chestertons Widerspruch hervor. Die Annahme, dass die Entstehung des Lebens sich ohne einen schöpferischen Akt Gottes abgespielt habe, war für ihn bar jeder Vernunft: „Niemand kann sich vorstellen, wie sich Nichts in Etwas umzuwandeln vermöchte. Niemand kommt der Sache auch nur einen Zollbreit durch die Erklärung näher, wie sich Etwas in etwas Anderes zu verwandeln vermochte. Weit logischer ist es mit der Behauptung zu beginnen: ‚Am Anfang schuf Gott Himmel und Erde‘.“ In der Natur laufe „eine grüne Architektur (ab), die sich ohne erkennbare Hände selbst baut, die sich nach einem ganz genauen Plan oder Muster gleich einem von einem unsichtbaren Finger in der Luft vorgezeichneten Vorbild erbaut.“ Und: „Nicht unsere Ähnlichkeit mit den Tieren, sondern unsere Unähnlichkeit ist das Merkwürdige. Es ist die ungeheure Stufenleiter unserer Divergenz, die einer Erklärung bedarf.“

Den Atheisten warf Chesterton vor, dass sie „bis an die Zähne bewaffnet und bis ans Kinn zugeknöpft vor lauter agnostischer Orthodoxie“ seien und sich so von vornherein in ihren Erkenntnis- und Erfahrungsmöglichkeiten beschnitten. Noch vor der Oktoberrevolution 1917 und der nachfolgenden Installierung kommunistischer Regime wies Chesterton auf die Gefahren hin, die ein am Ende erfolgreicher, dem christlichen Glauben gegenüber unduldsam eingestellter Atheismus nicht nur für die Christen, sondern auch für die Menschheit überhaupt mit sich bringen würde. So bemerkte er etwa in *Orthodoxie* (1908): „Die Menschen, die um der Menschheit und der Freiheit willen die Kirchen bekämpfen, geben zuletzt die Freiheit und die Menschheit preis, wenn sie nur die Kirche bekämpfen dürfen. (...) Was sollen wir von dem Fanatiker sagen, der diese Welt aus Hass gegen eine andere mit Füßen tritt. (...) Er ist bereit, selbst jene ursprüngliche Ethik, die zur Bedingung unseres Lebens gehört, zu verpönen, um seine seltsame und unersättliche Rache an einem Wesen zu üben, das niemals existierte. (...) Die Titanen haben nicht den Himmel erstürmt, aber sie haben die Erde verwüstet.“

Schon zu Chestertons Zeit ließ sich in der Literatur die Tendenz beobachten, das Böse, Abgründige, Entstellte im Menschen einseitig zu thematisieren und als vermeintlich alternativloses menschliches Schicksal herauszustellen. Ein derartiges Literatur- und Menschenverständnis jedoch lässt nach Chestertons Einschätzung nicht nur jeglichen „erkennbaren Idealismus“ vermissen, sondern führe auch dazu, „dass einerseits das Auge, das die Falschheit von Dingen wahrnehmen kann, seine unheimliche und verzehrende Scharfsicht immer mehr steigert, während das Auge, das sieht, welche Dinge gut sind, jeden Augenblick trüber wird, bis es fast blind vor Zweifeln ist".

Den Verzicht auf einen verbindlichen Moralkanon, wie er sich beispielsweise in Shaws Credo: „Die moralische Regel lautet, dass es keine goldene Regel gibt", plakativ ausdrückte, beklagte Chesterton aber nicht nur im zeitgenössischen Literaturbetrieb, sondern auch auf dem Gebiet der Politik mit ihrem Fortschrittsglauben und ihrem „Ruf nach Effizienz". Mit Sorge registrierte er bei dem modernen Politikertyp eine „kolossale Selbstherrlichkeit", die dazu verleite, „das reine Gewissen dem praktischen Sinn zu opfern". Er verlangte, dass Fortschritt als Ziel menschlichen Strebens nicht als „Gegenbegriff gegen inhaltliche moralische Ideen" verstanden werden dürfe. Für ihn waren christlicher Moralkodex und Glaube notwendige Voraussetzungen, um Klarheit über die Richtung und die Berechtigung von Fortschrittsideen zu gewinnen.

Der im doppelten Sinne schwergewichtige Chesterton starb am 14. Juni 1936 im Alter von erst 62 Jahren. Kardinal Pacelli (der spätere Papst Pius XII.) telegrafierte, dass Papst Pius XI. „tief betrübt" gewesen sei über den Tod Gilbert Keith Chestertons, des „begnadeten Verteidigers des katholischen Glaubens".

Literatur- und Quellenverzeichnis

Chesterton, Gilbert K.: Autobiographie, Bonn 2002 (mit einem Vorwort von Elmar Schenkel)
Chesterton, Gilbert K.: Ketzer. Ein Plädoyer gegen die Gleichgültigkeit, Frankfurt/M. u. Leipzig 2004
Chesterton, Gilbert K.: Orthodoxie, München 1909
Chesterton, Gilbert K.: Der unsterbliche Mensch, Bonn 2009 (mit einem Vorwort von Reinhard Marx)
De la Gorce, Agnes: G. - K. Chestererton. In: F. Lelotte (Hrsg.): Heimkehr zur Kirche. Konvertiten des 20. Jahrhunderts, Bd. 4, Luzern/München 1959, S. 63ff
Heidrich, Christian: Die Konvertiten, München/Wien 2002
Kluy, Alexander: Apostel des Unerwarteten (Rheinischer Merkur 15/2006)

Kranz, Gilbert: Chesterton. In: G. Kranz: Europas christliche Literatur 1560-1960, Aschaffenburg 1961, S. 421ff
Schirmbeck, Heinrich: Gilbert Keith Chesterton. In: Otto Mann (Hrsg.): Christliche Dichter im 20. Jahrhundert, Bern 1968 (2., veränd. u. verb. Aufl.), S. 196ff
Steinacker, Hans: Pater Brown & Co (ideaSpektrum 25/1996)
Ward, Maisie: Gilbert Keith Chesterton, Regensburg 1956

Fjodor M. Dostojewski:
„Ich beginne noch einmal zu leben."

Er gilt als einer der ganz Großen der Weltliteratur – und für manche ist er auch der größte und genialste Schriftsteller überhaupt: der Russe Fjodor Michailowitsch Dostojewski. Selbst mehr als ein Jahrhundert nach seinem Tod haben seine Werke nichts von ihrer Aktualität und Faszination eingebüßt. Schon als 18-Jähriger hatte Dostojewski seinen Bruder Michail wissen lassen: „Der Mensch ist ein Geheimnis. Man muss es ergründen, und wenn man sein ganzes Leben darauf verwendet, so hat man doch keine Zeit vergeudet; ich gehe diesem Geheimnis nach, weil ich ein Mensch sein will." Dieses schon früh ausgesprochene Motto hat Dostojewski zeitlebens zu erfüllen gesucht. Er wurde dabei – so Paul Claudel – zum „Entdecker des polymorphen Charakters" des Menschen, der „in sich Dinge entdeckt, die dort absolut nicht zu vermuten waren". In den meisterhaft und überaus spannend geschriebenen Romanen, die eine Fülle von philosophischen, theologischen, psychologischen und gesellschaftskritischen Reflexionen enthalten, blickt der Leser dann auch in die Tiefen und Abgründe der menschlichen Seele – in ihre Dunkelkammer, ins Chaos.

Doch blieb Dostojewski dabei nicht stehen, sondern versuchte dem Leser immer wieder auch Einblicke in die „lichten" Seiten der menschlichen Seele zu geben, in ihre positiven und konstruktiven, ihre heilsamen und heilenden Möglichkeiten und Kräfte. Dabei ging er beharrlich der Frage nach, was eigentlich die besondere Bestimmung, den „Adel" des Menschen ausmache und welche Lebensausrichtung, welcher Lebensvollzug die menschliche Existenz vor einer tragischen Ziel- und Sinnverfehlung zu bewahren vermöge. Und: Wie kann die gespaltene, von Konflikten bedrängte menschliche Persönlichkeit zu einer integralen, harmonischen werden? Es sind dies Fragen, die auch heute noch von höchster Bedeutsamkeit sind. Was nun die Entwicklungsgeschichte von Dostojewskis Glauben betrifft, so fällt auf, dass man bei ihm nicht von einem eigentlichen Bekehrungserlebnis im klassischen Sinne reden kann, wohl aber von verschiedenen Eindrücken und Erlebnissen, die sich nachhaltig und prägend auf seinen Glauben an Gott ausgewirkt haben.

Geboren wurde Fjodor Dostojewski am 11.11.1821 in einem Seitentrakt eines Moskauer Armenhospitals, in dem sein Vater, Michail A. Dostojewski, als Oberarzt tätig war. Auch wenn dieser streng, pedantisch und sparsam bis zum Geiz war, hat Fjodor Dostojewski – entgegen anderslautender Berichte – eine durchaus schöne Kindheit verbracht. „Soweit ich überhaupt zurückdenken kann, erinnere ich mich der Liebe meiner Eltern zu mir“, bekannte er später. Das mag nicht zuletzt an der ausgleichenden Art seiner Mutter gelegen haben, einer zärtlichen, warmherzigen und musisch begabten Frau. Die Ehe mit ihrem ungeduldigen, schnell aufbrausenden und zunehmend misstrauisch und depressiv werdenden Mann ertrug sie in der Art einer Dulderin, die zu lieben nie aufhörte.

In religiöser Hinsicht werden Fjodor und seine fünf Geschwister ganz in der Tradition des orthodoxen Glaubens erzogen. Sie nehmen nicht nur an den jährlichen Pilgerfahrten zum Dreieinigkeits-Sergius-Kloster in Sagorsk teil, sondern begleiten die Eltern selbstverständlich auch zu den Gottesdiensten zu Hause in Moskau. Auch lernen sie schon früh die biblischen Geschichten kennen. Sie hinterlassen gerade in Fjodor tiefe, bleibende Eindrücke. Besonders Hiob tut es ihm an, so dass er noch Jahrzehnte später bei der Lektüre dieses Buchs während eines Kuraufenthalts in Bad Ems seiner Frau Anna Grigorjewna mitteilt: „Ich lese das Buch Hiob, und es versetzt mich in schmerzliche Begeisterung: Manchmal höre ich auf zu lesen und gehe eine Stunde im Zimmer umher, bin nahe am Weinen, (...) Dieses Buch, Anja – das ist merkwürdig –, war eines der ersten im Leben, das mich tief beeindruckt hat, ich war damals fast noch ein kleines Kind!“

Beeindruckt und nie vergessen hatte Fjodor Dostojewski aber auch, in welch frommergebener Haltung die Eltern auf die Nachricht reagierten, dass ihr Landgut in Darowoje abgebrannt sei: „Diese Kindheitserinnerung“, so Dostojewskis Tochter Ljubov in ihrer Biographie über ihren Vater, „blieb tief im Gedächtnis meines Vaters eingegraben. (...) Im ersten Augenblick glaubten meine Großeltern, sie wären völlig ruiniert; anstatt aber zu jammern, warfen sie sich vor den Heiligenbildern zu Boden, und baten Gott, ihnen die Kraft zu geben, um die von ihm geschickte Prüfung würdig zu tragen.“ Dass bei diesem Unglück das Kindermädchen Aljona der Familie spontan ihre gesamten Ersparnisse anbot – dieses Beispiel großer Selbstlosigkeit und Herzensgüte eines einfachen Menschen aus dem „Volk“ –, auch das vergaß Dostojewski nie.

Nach Besuch einer Kriegsingenieursschule wird Dostojewski 1843 als technischer Zeichner im Kriegsministerium angestellt. Doch seine wahren Neigungen gelten der Literatur und der Philosophie. Und so wagt er dann im Oktober 1844 einen für sein weiteres Leben folgenschweren, riskanten Schritt. Obwohl von ihm noch kein eigenes literarisches Werk erschienen ist – wenn man einmal von einigen wenigen Übersetzungsarbeiten französischer Romane absieht –, quittiert er seinen Dienst, um sich fortan gänzlich der eigenen schriftstellerischen Existenz widmen zu können. Und es dauert nicht lange, da landet er auch schon mit seinem Erstlingswerk *Arme Leute* einen großen, sensationellen literarischen Coup.

Im Jahr 1846 lernt Dostojewski Michail Petraschewski kennen, in dessen Wohnung sich regelmäßig ein Kreis von jungen Leuten – Studenten, Schriftsteller, aber auch Offiziere und höhere Beamte – trifft, die mit den bestehenden politischen Verhältnissen in Russland unter dem autokratischen, repressiven Regiment Nikolaus I. unzufrieden und von Gedanken eines utopischen Sozialismus erfüllt sind. An den Debatten dieses Zirkels nimmt seit 1847 auch Dostojewski teil. Ihm liegt besonders die Aufhebung der Leibeigenschaft und die Abschaffung solch barbarischer Strafen wie dem Spießrutenlaufen der Soldaten am Herzen. Im April 1849 fliegt der Petraschewski-Kreis auf. Seine Mitglieder – unter ihnen auch Dostojewski – werden in die berüchtigte Peter-Pauls-Festung gebracht und wegen verschwörerischer Umtriebe angeklagt. Das Urteil nach acht Monaten Untersuchungshaft lautet für Dostojewski und die meisten seiner Mitangeklagten auf Tod durch Erschießen.

Es ist der 22. Dezember 1849. Der Tag der Hinrichtung. Der 28-jährige Dostojewski wartet mit einer Anzahl weiterer junger Männer aus der Petraschewski-Gruppe auf dem Semjonow-Platz in Petersburg auf die Exekution. Unmittelbar vor dem Schießbefehl – das Todesurteil ist bereits verlesen, die „Verschwörer" haben das Kreuz geküsst und sind in weiße Hemden eingekleidet worden – wird zum Abbruch geblasen. Die Männer sollen doch nicht hingerichtet, sondern zur Zwangsarbeit nach Sibirien geschickt werden. Zar Nikolaus I. hatte sich für sie die Scheinhinrichtung nur ausgedacht ...

Noch am selben Tag teilt Dostojewski seinem Bruder Michael aufgewühlt mit: „Ich habe heute (...) dem Tod gegenübergestanden, habe den letzten Augenblick meines Daseins erlebt, und beginne jetzt noch einmal zu leben! (...) Wenn ich auf die Vergangenheit zurückblicke und mir überlege, wie viel Zeit vergeudet worden ist, wie viel die Irrwege, Fehler, der Müßiggang (...) gekostet haben (...), wie oft ich gegen mein Herz und meinen Geist gesündigt habe – so blutet mir das Herz. Das Leben ist ein Geschenk, das Leben ist Glück, jede Minute hätte eine Ewigkeit Glück bedeuten können. (...) Nun, da sich mein Leben verändert hat, werde ich auf neue Weise wiedergeboren. (...) Ich werde ein Besserer werden. Darin liegt meine ganze Hoffnung, mein ganzer Trost!"

Auf dem langen Marsch in die Verbannung gelingt es einer Gruppe mitleidsvoller Frauen, mit Dostojewski und seinen Gefährten bei einem Zwischenaufenthalt in Tobolsk in Kontakt zu kommen. Sie segnen und bekreuzen die Männer und schenken ihnen ein Neues Testament. Dostojewski wird dieses Buch wie einen Schatz hüten. Es wird ihn begleiten sein Leben lang.

Anfang 1850 kommen die Verbannten schließlich in Omsk an. In dem dortigen Zuchthaus wird Dostojewski bei schwerer körperlicher Arbeit die nächsten vier Jahre verbringen – dabei ständig die an den Füßen angeschmiedeten schweren Eisenketten mit sich schleppend. Die einfachen Holzgebäude sind in einem erbarmungswürdigen Zustand. Nässe und Kälte dringen in die Räume ein. Der Gestank der Ausscheidungen und Ausdünstungen der vielen Insassen ist unerträglich. Überall liegt Schmutz. Es wimmelt von Flöhen, Läusen und anderem Ungeziefer. Besonders macht Dostojewski die Enge des Zusammenlebens, der Lärm und das Geschrei der sich ständig streitenden Männer zu schaffen. Beeindruckt hat Dostojewski jedoch die Beobachtung, dass selbst noch der Verbrecher – zumal der russisch-orthodoxe! – einen Glauben an Gott in sich trägt. Das Verhalten der Gefangenen während eines Fastengottesdienstes vor Ostern ergriff ihn tief: „Die Häftlinge beteten andächtig, und ein jeder von ihnen brachte jedes Mal seine armselige Kopeke mit, sei es für ein Licht, sei es für die Sammelbüchse. (...) Das Abendmahl nahmen wir nach dem Frühgottesdienst. Als der Geistliche mit dem Kelch in der Hand die Worte sprach: ‚... und nimm mich auf wie den sündigen Schächer' – da knieten alle mit einem Mal nieder, während die Ketten aufklirrten, denn ein jeder schien die Worte buchstäblich auf sich zu beziehen."

Welche Wirkung die mehrjährige Lagerhaft auf ihn ausübte, fasste Dostojewski später u. a. so zusammen: „Ich weiß noch, dass ich in dieser ganzen Zeit, trotz der Hunderte von Gefährten, stets einsam war, und dass ich zum Schluss diese Einsamkeit liebgewann. In dieser geistigen Einsamkeit durchlebte ich von neuem mein ganzes Leben, ich untersuchte in ihm alles bis zur letzten Einzelheit, ich dachte über alles und jedes nach, ich gab mir Rechenschaft über meine ganze Vergangenheit, hielt streng und unerbittlich über mich selbst Gericht, und in mancher Stunde segnete ich die Vorsehung dafür, dass sie mir diese Einsamkeit geschickt hatte, ohne die ich niemals zu diesem Gericht über mich selbst gekommen wäre, zu dieser strengen Durchsicht und Prüfung meines Lebens. Und mit welchen Hoffnungen füllte sich mein Herz doch damals! Ich wollte, ich beschloss, ich schwor mir, dass es in meinem neuen Leben nicht mehr jene Fehler, jene Fehltritte geben werde, die früher von mir begangen worden waren."

Nach Jahren der Verbannung darf Dostojewski 1859 wieder nach Petersburg zurückkehren. Er hat inzwischen geheiratet. Doch die Ehe mit der exzentrischen Marja Isajewa erweist sich als ein großes Missverständnis. Beide werden aneinander schuldig. 1866, zwei Jahre nach Marjas frühem Tod, ehelicht Dostojewski die erst 20-jährige Stenografin Anna Snitkina.

In ihrer nüchternen, praktischen Veranlagung und ihrem ausgeglichenen, heiteren Wesen stellte die junge Frau den idealen Gegenpart zu ihrem zu Extremen neigenden Ehemann dar. Hatte sich Marja von den Epilepsieanfällen ihres Mannes abgestoßen gefühlt, so waren sie für Anna ein Grund zu ganz besonderer Fürsorge.

Immer wieder wurde Dostojewski wie magnetisch an die Spieltische der Kasinos gezogen. Erst wenn er materiell am Ende war, wachte er total erschöpft aus dem meist mehrere Tage andauernden Spielrausch auf. Bittere Selbstvorwürfe waren dann die Folge. Seine Frau war bemüht, ihren Mann nach seinen Verlusten und Rückfällen nicht auch noch moralisch zu demütigen. Und sie darf erleben, dass tatsächlich eines Tages der Bann der Spielsucht wie durch ein Wunder für Dostojewski gebrochen ist. Der hatte ihr am 28.4.1871 aus Wiesbaden mitgeteilt: „Es ist, als sei ich sittlich neu geboren, (...) Mit mir ist Großes geschehen, der niederträchtige Wahn, der mich fast zehn Jahre *quälte*, ist verschwunden. (...) Jetzt ist alles vorüber! Es war *endgültig* das letzte Mal!"

Dostojewski war ein überaus erfolgreicher Schriftsteller. In seinen großen psychologischen Romanen tauchen immer wieder vereinzelte Gestalten auf – wie etwa die selbstlose, demütige Sonja in *Schuld und Sühne*, der einfältige Fürst Myschkin in *Der Idiot* oder der arglose Aljoscha in *Die Brüder Karamasow* –, durch die in dem Dunkel und Wirrsal des menschlichen Lebens und Seins etwas aufleuchtet, das an Christus erinnern lässt und gemahnt. Natürlich manifestiert sich das „Bild Christi" in ihnen nur in gebrochener Form – sie sind ja selbst auch nur sündige Menschen –, allein Christus, der Sohn Gottes, ist vollkommen. Auch kann es geschehen, dass sie verkannt und verlacht werden. Und doch möchte niemand sie missen. Wohltuende Wirkung geht von ihnen aus, vorbildliche Nächstenliebe und wahre Menschlichkeit prägen ihr Tun.

Der äußeren Form nach mutet *Schuld und Sühne* wie ein genial komponierter Krimi an, was Thomas Mann auch veranlasste, ihn „den größten Kriminalroman aller Zeiten“ zu nennen. Seine Größe besteht nicht nur in der spannungsvoll erzählten Mordhandlung und den immer neuen Versuchen, den Täter, der ein fast perfektes, ihn kaum überführbares Verbrechen begangen hat, zu einem freiwilligen Geständnis hinzutreiben, sondern das Faszinierende liegt auch darin begründet, wie Dostojewski die innerseelischen Prozesse des Mörders in ihrem Wandel während und nach der Tat darstellt. Und das bei einem Menschen schildert, der weniger aus Geldgier, denn „um einer Idee willen“ gemordet hat. Denn die „Idee“ des unter kümmerlichsten Verhältnissen in einer engen, schäbigen Petersburger Dachwohnung hausenden mittellosen Jurastudenten Raskolnikow besteht aus der „Erkenntnis“, dass die Menschheit sich aus den vielen „gewöhnlichen“ Durchschnittsmenschen und den wenigen „außergewöhnlichen“ Menschen zusammensetzt. Lebt die erstere Personengruppe in dem durch Konvention und religiöse Bindung vorgegebenen gesellschaftlichen Rahmen, so sind die wenigen Ausnahmemenschen aufgrund ihrer Genialität und der von ihnen als „gut“ erklärten, zweckorientierten Ziele berechtigt, sich ohne Skrupel über jede Moral hinwegzusetzen – und sei es auch, wie etwa bei Napoleon, auf Kosten des Lebensrechtes anderer. Raskolnikow wird nun mehr und mehr von der Frage beherrscht, zu welcher Kategorie Mensch er selber gehört. Um das zu erfahren, plant er schließlich – als eine Art Test – den Mord an einer bösartigen alten Wucherin. Deren Leben erscheint ihm wertlos, „nicht besser als eine Laus“. Macht da ein Mord nicht Sinn, da durch die Eliminierung dieses scheinbar wertlosen Lebens ihm, Raskolnikow, zugleich die Chance gegeben wird, durch die Aneignung ihres Vermögens sein eigenes Studium fortsetzen zu können?

Doch der Mord, der sich zu allem Unglück zu einem nicht geplanten Doppelmord entwickelt, löst im Innern Raskolnikows eine nicht erwartete Reaktion aus. Es ist, als ob sein unterdrücktes Gewissen, als ob sich eine in den Schichten des Unterbewussten liegende Instanz – aller Rationalisierungen und Logik, aller gedanklichen Dialektik zum Trotz! – gegen seine Tat empört und sich gegen seinen „euklidischen Verstand“ (L. Müller) erhebt. Raskolnikow erleidet einen psychischen und physischen Zusammenbruch. Er fühlt sich von den Mitmenschen, von seinen Freunden und –

was das Schlimmste für ihn ist – auch von der von ihm über alles verehrten Mutter und der zärtlich geliebten Schwester wie durch eine unsichtbare Scheidewand getrennt, „abgespalten“ und innerlich isoliert. Erst durch die Bekanntschaft mit Sonja, einem zerbrechlich-zarten, sanften und demütigen jungen Mädchen, das auf Drängen ihrer Stiefmutter und aus Liebe und Mitleid zu den in ausweglosem Elend lebenden und vom Verhungern bedrohten Eltern und jüngeren Geschwistern zu einer Prostituierten geworden ist, – erst durch die Begegnung mit diesem Mädchen setzt bei Raskolnikow ein Prozess allmählicher innerer Wandlung und Erneuerung ein. Der Beginn seiner „Auferstehung“. Hervorgerufen und möglich gemacht durch Sonjas vorbehaltlose, ihn nie aufgebende Liebe und die Reinheit und Unbestechlichkeit ihres Rechtsempfindens. Dass Sonja bei der schier unerträglich werdenden Pein und Scham ihres „Gewerbes“ bislang nicht völlig zerbrochen ist, dass – wie Raskolnikow staunend feststellte – „diese ganze Schmach sie augenscheinlich nur mechanisch berührt hatte und die wirkliche Unzucht noch mit keinem Tropfen in ihr Herz eingedrungen war“, das alles hatte mit ihrer Bindung, mit der Einfalt und Unmittelbarkeit ihres Glaubens an Gott zu tun. „Allein hier“, so Ulrike Elsässer-Feist, „findet sie die Kraft, ihrem Leben nicht selbst ein Ende zu setzen oder den Verstand zu verlieren. Es ist ihr Lebensgeheimnis, über das sie nicht spricht, das aber durch ihr ganzes Wesen scheint und das ihrer völligen Wehrlosigkeit, Sanftmut und Mitleidensfähigkeit eine seltsame Kraft verleiht. Sie ist ein Mensch, der in völligem Absehen von sich selbst dem intellektuell weit überlegenen Raskolnikow mit innerer Vollmacht begegnen kann. Zu ihr zieht es ihn auf unerklärliche Weise, ihr als einzige beichtet er sein Verbrechen, und es ist ihre Weisung, die er befolgt, als er sich endlich selbst der Polizei stellt. Sie ist es, die ihn auf den Weg des Leidens schickt, ihn aber auch begleitet bis nach Sibirien zur Zwangsarbeit.“ Und auch hier in Sibirien braucht es noch eine gewisse Zeit, bis schließlich für Raskolnikow – wie es am Ende des Romans heißt – „anstelle der Dialektik das Leben begann“ und vor ihm „der allmähliche Übergang aus einer Welt in eine andere, die Bekanntschaft mit einer neuen, von ihm bisher völlig ungeahnten Wirklichkeit“ liegt.

In seinen letzten Lebensjahren, in denen ihm zunehmend ein schweres Lungenleiden (Emphysem und Asthmaanfälle) zu schaffen machten, entsteht mit den *Brüdern Karamasow* Dostojewskis letzter und größter Roman. Im Mittelpunkt der Handlung steht der Mord an dem völlig ich- und diesseitsbezogenen, lasterhaften alten Witwer Fjodor Karamasow. Lange Zeit bleibt unklar, welcher seiner Söhne den Vatermord begangen hat: der intellektuelle, über theologisch-philosophischen Fragen brütende

Agnostiker (und zugleich Gottesempörer!) Iwan oder der heißblütige, zügellose Dmitri, der sich seines Erbteils betrogen fühlt und zudem in Konkurrenz mit seinem lüsternen Vater um die Gunst der örtlichen „Femme fatale", der ebenso schönen wie launenhaften Gruschenka, buhlt. Bis schließlich herauskommt, dass der sophistisch-schlaue, jedweder Liebes- und Gewissensregung erstorbene Smerdjakow – ein epilepsiekranker illegitimer Sohn des Alten – den Mord begangen hat. Während Smerdjakow durch Selbstmord endet, wird aufgrund eines grandiosen Justizirrtums Dmitri schuldig gesprochen und nach Sibirien verbannt. Iwan seinerseits wird von der Erkenntnis gepeinigt, dass er als geistiger Urheber des Mordes der eigentlich Schuldige sei. Die unheimliche Schlussfolgerung, dass „ohne Gott und ohne zukünftiges Leben alles erlaubt ist", sie zieht sich durch den ganzen Roman. Sie wurde von Smerdjakow durch dessen Mord an dem alten Karamasow (und später durch den eigenen Selbstmord) dann in äußerster Konsequenz auf die Spitze getrieben.

„Man nennt mich einen Psychologen", hatte einmal Dostojewski vermerkt, um dann fortzufahren: „Das ist nicht richtig. Ich bin nur ein Realist im höheren Sinne, das heißt: Ich zeige alle Tiefen der Menschenseele." Das trifft nicht zuletzt auch auf die Gestaltung und den Inhalt der *Brüder Karamasow* zu. Doch auch in dieser vom Bösen und vom Chaos bedrohten Romanwelt und inmitten der von ihren Leidenschaften gehetzten Menschen ragen zwei Gestalten heraus, von denen ein Stück weit „Christusähnlichkeit" und so etwas wie ein Widerschein göttlichen Lichts ausstrahlt. Es sind dies der von vorurteilsfreier Liebe erfüllte Aljoscha, der jüngste Sohn Fjodor Karamasows, und sein geistlicher Ziehvater, der fromme, weise Starez Sossima.

Diese beiden auf Gott (bzw. auf Christus) weisenden Gestalten, die das Bild Christi vor Augen haben und in ihren Herzen tragen, sind frei von aller welt- und menschenverachtenden, selbstgerechten Bigotterie. Sie sind fromm ohne jeden Dünkel. Tiefes Erbarmen und Mitgefühl mit den in Schuld verstrickten, Gott entfremdeten Mitmenschen hat sie erfasst. Ein Kernpunkt der Belehrungen Sossimas ist seine Aussage, „dass jeder Mensch für alle und alles schuldig ist, ganz abgesehen von seinen eigenen Sünden". Da die Menschen wie in einem Organismus miteinander verbunden sind, hat das Verhalten eines jeden einzelnen Gliedes immer auch ungeahnte Auswirkung auf andere – im guten wie im schlechten Sinne. Und er hofft: „Es muss doch ab und zu wenigstens ein Mensch (...) ein Beispiel geben und die Seele aus der Vereinsamung hinausführen auf den Weg der brüderlichen Gemeinschaft, selbst wenn er sich damit dem Spott aussetzt und für einen Gottesnarren gehalten wird." Und so schickt dann auch der scheidende Starez den Novizen Aljoscha aus dem Kloster und in die Welt hinein mit den Worten: „Du wirst aus diesen Mauern in die Welt hinausgehen, in der Welt aber wirst du wie ein Mönch verbleiben. Viele Widersacher wirst du haben, doch selbst deine Feinde werden dich lieben. Viel Leid wird dir das Leben bringen, doch eben dadurch wirst du auch glücklich sein und das Leben segnen und andere bewegen, es zu segnen – was von allem das Wichtigste ist." Den im Kloster verbleibenden Mönchen hingegen weist der Starez die Aufgabe zu, „in all ihrer Verlassenheit das Bild Christi herrlich und unentstellt in der Reinheit der Gotteswahrheit" zu hüten und es, „wenn es not sein wird, der erschütterten, schwankenden Wahrheit der Weltleute entgegenzuhalten". Aljoscha wiederum hinterlässt den Kindern und Jugendlichen, die sich um ihn geschart haben, wenig später als Vermächtnis: „Habt keine Angst vor dem Leben! Wie schön ist das Leben, wenn man etwas Gutes und Richtiges tut!"

Über religiöse und philosophische Fragen machte sich Dostojewski zeitlebens viele Gedanken. In der bedeutungsvollen Frage, welcher Ethik der Mensch verpflichtet sei, und unter welchem Vorzeichen sie zu stehen habe, genügte es ihm nicht, Sittlichkeit lediglich als „Überzeugungstreue" zu definieren. „Man muss sich", so führte er im „Tagebuch eines Schriftstellers" aus, „auch noch fragen: Sind meine Überzeugungen richtig? Ihr Prüfstein aber ist – Christus." Und: „Wenn wir nicht im Glauben und in Christus eine Autorität hätten, würden wir uns in allem verirren."

Diese Christusorientiertheit war Dostojewski dann auch für den Bereich der Pädagogik überaus wichtig. Einer besorgten Mutter, die unsicher war, nach welchen Maßstäben sie ihr Kind erziehen sollte, riet er: „Alle, die zur *Wahrheit* fähig sind, *all jene* empfinden doch durch ihr Gewissen, was gut ist und was nicht. Seien Sie gut, lassen Sie Ihr Kind (...) Ihre Güte erfassen (...), denn damit bringen Sie ihm ganz *unmittelbar* bei, dass Güte etwas Schönes ist. (...) Die Erinnerung an das *Gute* in den Eltern, das heißt an Güte, Wahrheit, Ehrlichkeit, Mitleid, (...) – all das wird aus ihm früher oder später einen anderen Menschen machen. (...) Machen Sie es mit dem Evangelium bekannt, lehren Sie es, streng nach dem Gebot an Gott zu glauben. Das ist sine qua non, anders kann es kein guter Mensch werden, (...) Etwas Besseres als Christus können Sie nicht ersinnen, glauben Sie mir."

Die Frage nach der Unsterblichkeit der Seele und nach der Existenz Gottes war für Dostojewski die für den Menschen alles entscheidende Kardinalfrage. Er war überzeugt, „dass das Dasein des Menschen ohne Glauben an seine Seele und ihre Unsterblichkeit unnatürlich, undenkbar und unerträglich" sei. Dabei war Dostojewski der Glaube an Gott – und damit zusammenhängend an Christus – nicht einfach zugefallen. Kurz vor seinem Tod hatte er notiert: „Folglich glaube ich an Christus und bekenne ich mich zu diesem Glauben nicht wie ein Kind, sondern mein Hosianna ist durch das große Fegefeuer der Zweifel hindurchgegangen." Einer in ihrem Glauben angefochtenen Frau riet er: „Was schreiben Sie da über Ihren Zwiespalt? Das ist doch ein ganz gewöhnlicher Zug der Menschen. (...) Gerade deshalb sind Sie mir so vertraut, weil ich diesen Zwiespalt genauso empfinde und mein Lebtag empfunden habe wie Sie. Darin liegt eine große Pein. (...) Liebe, hochverehrte Katerina Fjodorowna – glauben Sie an Christus und seine Gebote? Wenn Sie glauben (oder es sehr wollen), dann geben Sie sich ihm ganz hin, und die Pein dieses Zwiespalts wird sehr viel milder. Sie finden einen Ausweg für die Seele, und das ist das wichtigste."

Am 28.01.1881 ist Dostojewski im Alter von erst 59 Jahren gestorben. Zuvor hatte er mehrere Blutstürze erlitten. Über seinen Todestag berichtet Anna Grigorjewna: „Ich erwachte gegen sieben Uhr morgens und bemerkte, dass mein Mann zu mir herüberblickte. (...) ‚Weißt du, Anja', sagte Fjodor Michailowitsch halb im Flüsterton, ‚(...) ich denke immerzu nach, und erst jetzt ist mir klar bewusst geworden, dass ich heute sterbe. (...) Zünde die Kerze an, Anja, und gib mir das Evangelium!' (...) Er schlug das heilige Buch selbst auf und bat mich, vorzulesen. Das Evangelium öffnete sich bei Matthäus 3,14: ‚Aber Johannes wehrte ihm und sprach: Ich bedarf wohl, dass ich von dir getauft werde, und du kommst zu mir? Jesus aber antwortete und sprach zu ihm: Halte mich nicht zurück, also gebührt es uns, die große Gerechtigkeit zu erfüllen.' ‚Hörst du – ‚halte mich nicht zurück' –, das heißt, ich werde sterben', sagte mein Mann und schloss das Buch."

Nachdem Dostojewski im Verlauf dieses denkwürdigen Tages liebevoll und mit vollem Bewusstsein von den Seinen Abschied genommen hatte, starb er noch am Abend desselben Tages. Am Tag zuvor hatte er vor dem orthodoxen Priester die Beichte abgelegt und aus seinen Händen das heilige Abendmahl empfangen. Am 31. Januar 1881 wurde Dostojewski auf dem Friedhof des Alexander-Newski-Klosters beigesetzt. Eine unübersehbare, tief bewegte Trauergemeinde – man schätzte ihre Zahl auf 50.000 - 60.000 – gab dem großen russischen Dichter das letzte Geleit.

Exkurs: Dostojewskis „Poem vom Großinquisitor"

In Dostojewskis berühmtem Roman *Die Brüder Karamasow* ist das bekannte *Poem vom Großinquisitor* eingefügt, das Iwan Karamasow seinem jüngeren Bruder Aljoscha erzählt. Er stellt sich vor, wie Christus zu den Menschen zurückkehrt. Sein Erscheinen geschieht im 16. Jahrhundert in Sevilla zur Zeit der Inquisition. („Das war natürlich nicht jene Wiederkunft, in der er nach Seiner Verheißung am Ende der Zeiten erscheinen wird: in himmlischer Glorie, plötzlich, ‚gleichwie der Blitz leuchtet von Osten bis Westen'. Nein, diesmal will er nur auf einen Augenblick seine Kinder wiedersehen, und zwar gerade dort, wo die Scheiterhaufen der Ketzer prasseln. In unermesslichem Erbarmen kommt er zu ihnen noch einmal in derselben menschlichen Gestalt, in der er einst dreiunddreißig Jahre lang unter den Menschen gewandelt.") Das Erstaunliche ist, dass ihn bei seinem stillen Erscheinen jedermann erkennt. Dabei „(zieht) eine unwiderstehliche Macht das Volk zu Ihm hin; (...) Die Sonne der Liebe brennt in Seinem Herzen, Strahlen von Licht, Erleuchtung und Kraft strömen aus Seinen Augen, und alle, über die sie sich ergießen, sind ergriffen von Gegenliebe zu Ihm. (...) Er segnet sie, und von der Berührung Seiner Hände, ja schon von der Berührung Seines Gewandes geht heilende Kraft aus." Mit den Worten „Talitha kumi" („Stehe auf Mädchen"!) erweckt der Heiland ein totes Kind zu neuem Leben.

Da betritt der greise Kardinal-Großinquisitor die Bühne: „Er sieht, wie das Mädchen aufersteht, und sein Gesicht verfinstert sich. Er runzelt die grauen, buschigen Brauen und sein Blick erglüht unheilverkündend. Er streckt den Finger aus und befiehlt der Wache, Ihn zu ergreifen." Diese bringt Christus in eine Gefängniszelle. Dort klagt der Großinquisitor den Gefangenen an, die Menschen mit der ihnen zugemuteten Entscheidungs- und Gewissensfreiheit überfordert zu haben. Und er wirft ihm vor, dass er die Versuchung des Widersachers, der Menschen Brotkönig und materieller Wohltäter zu sein, abgewiesen habe: „Du versprachst ihnen himmlisches Brot, ich aber frage Dich: Kann sich dieses Brot in den Augen des schwachen, ewig verderbten und ewig undankbaren Menschengeschlechts mit irdischem Brot messen?" Er klagt Christus an, sich nicht der „menschlichen Freiheit bemächtigt", sondern sie vielmehr noch vergrößert zu haben. Denn: „Dich gelüstete nach der freien Liebe des Menschen, auf dass er Dir frei folge." Anstelle des „festen alten Gesetzes" sollte der Mensch als Richtschnur seiner „mit freiem Herzen" getroffenen Entscheidungen das Vorbild Christi nehmen. Und er fragt verbittert: „Haben wir die Menschen denn nicht geliebt, als wir demütig ihre Ohnmacht einsahen, liebreich ihre Bürde erleichterten und ihrer kraftarmen Natur sogar zu sündigen erlaubten, allerdings nur mit unserer Genehmigung?“ Und: „O, wir werden ihnen sogar die Sünde gestatten – sie sind doch schwach und kraftlos –, und sie werden uns wie Kinder dafür lieben. (...) Wir werden ihnen erlauben oder verbieten, mit ihren Frauen und Geliebten zu leben, Kinder zu haben oder nicht zu haben. (...) Und wir werden alles entscheiden, und sie werden mit Freuden unserer Entscheidung glauben, denn sie wird sie von der großen Sorge und den furchtbaren gegenwärtigen Qualen einer persönlichen und freien Entscheidung erlösen.“ Unumwunden und voller Anmaßung brüstet sich der Kardinal: „Ich (...) schloss mich der Zahl jener an, die *Dein Werk verbesserten*.“

Mit seiner Argumentation stellt sich der Großinquisitor gegen das Liebesprinzip Christi und die von Gott jedem einzelnen Menschen zuerkannte Personenwürde. Er vertritt ein verweltlicht-geistliches Prinzip, das den Menschen entmündigt und ihm die Verantwortung seiner Freiheit und die „Kosten“ der Nachfolge Christi nicht mehr zumuten will. Dieses auf den ersten Blick „nachsichtige“ Prinzip besteht in Wirklichkeit unnachsichtig auf Gleichschaltung und lenkt das menschliche Gewissen auf autoritäre, manipulative Weise. Der Großinquisitor verwirklicht konsequent, was Dostojewski einmal als Befürchtung ausgesprochen hat: „(...) dass dann, wenn man den Glauben Christi entstellt, indem man ihn mit den Zielen dieser Welt verbindet, der ganze Sinn des Christentums mit einem Schlag verloren geht, dass der Geist unweigerlich im Unglauben versinkt.“

Gleichzeitig offenbart Dostojewskis Poem aber auch „die zentrale Versuchung aller Kirchenfunktionäre: die Theologie der Anthropologie anzupassen“ (Markus Spieker). Eine derartige Theologie stutzt Gott nach menschlichem Maß und Wunschvorstellung zurecht und eliminiert alles „Ärgerliche“ an Christi Anspruch und Lehre. Sie legitimiert sogar auf scharfsinnig-dialektische Weise die Sünde. Doch wenn Christus sich offenbart, dann fallen alle menschlich-theologischen Konstrukte und Systeme wie ein Kartenhaus in sich zusammen. Dann kommt es zur Entlarvung menschlicher Ausflüchte und Ausreden – und auch zur Entlarvung seiner Lebenslügen und Sünden, seiner Eigensucht und Eigenliebe. Dann hat man es direkt mit dem Auferstandenen und damit mit der Wahrheit zu tun. Von Angesicht zu Angesicht. Kein Wunder also, dass der Großinquisitor dem Sohn Gottes dann auch ärgerlich und vorwurfsvoll die Frage entgegenschleudert: „Warum bist Du gekommen, uns zu stören?“

Bei seinem „Verhör“ musste der Großinquisitor es ertragen, „wie der Gefangene ihn die ganze Zeit anhörte, und wie tief und still Er ihm in die Augen blickte“. Ohne auch nur mit einem Wort auf die Rechtfertigungen und Anklagen des Greises eingegangen zu sein, nähert sich Christus schließlich schweigend dem Eifernden „und küsst ihn still auf die blutleeren neunzigjährigen Lippen. Das ist Seine ganze Antwort.“ Und die Reaktion des verblendeten Alten? Zwar zuckt der zusammen, doch „dann erbebt etwas in den Mundwinkeln des greisen Großinquisitors; er geht zur Tür des gewölbten Verlieses, öffnet sie und sagt zu Ihm: ‚Geh und komme nie wieder ... komme überhaupt nicht mehr ... nie wieder, nie wieder!‘ (...) Und der Gefangene geht hinaus.“

Es fällt auf, dass Christus sich in dem Poem mit keinem Wort verteidigt, sondern nur schweigt. Das unterstreicht, dass für Dostojewski die Existenz Gottes und die Wahrheit des christlichen Glaubens argumentativ nicht beweisbar sind. „Die Natur, die Seele, Gott, die Liebe erkennen ... das geschieht mit dem Herzen, nicht mit dem Verstand“, hatte er einmal geäußert. Allerdings stellte er der Gestalt des Großinquisitors in dem nächsten Kapitel seines Romans ganz bewusst die Lebenserinnerungen und Lebensweisheiten des Starez Sossima entgegen, der von einem tiefen Vertrauen in Gottes Güte und von einer franziskanisch anmutenden Liebe zu allem Geschöpflichen erfüllt ist. Auf diese Weise wollte Dostojewski demonstrieren, „dass der reine, ideale Christ nichts Abstraktes ist, sondern etwas bildhaft Reales, Mögliches und Augenscheinliches“.

Literatur- und Quellenverzeichnis

Amrouche, Jean: Gespräche mit Paul Claudel, Heidelberg 1958
Dostojewskaja, Anna Grigorjewna: Erinnerungen, Berlin 1976
Dostojewski, Aimée (Ljubov Fedorovna Dostojewskaja): Dostojewski, München 1920
Dostojewski, Fjodor: Die Briefe an Anna 1866-1880, Königstein/Ts. 1986
Dostojewski, Fjodor M.: Aufzeichnungen aus einem Totenhaus, München 1996 (9. Aufl.)
Dostojewski, Fjodor M.: Briefe, 1. Bd. (ausgew. u. hrsg. von Ralf Schröder), Frankfurt/M. 1990
Dostojewski, Fjodor M.: Briefe, 2. Bd. (ausgew. u. hrsg. von Ralf Schröder), Frankfurt/M. 1990

Dostojewski, Fjodor M.: Die Brüder Karamasoff, München 1996 (27. Aufl.)
Dostojewski, Fjodor M.: Tagebuch eines Schriftstellers, München 1996 (8. Aufl.)
Dostojewski, Fjodor M.: Rodion Raskolnikoff – Schuld und Sühne, München 1996 (19. Aufl.)
Elsässer-Feist, Ulrike: Fjodor M. Dostojewski, Wuppertal 1991
Hamel, Christine: Fjodor M. Dostojewskij, München 2003
Karwath, Rüdiger: „Warum bist du gekommen, uns zu stören?“. In: ideaSpecial 8/2018 (Advent & Weihnachten), 28-30
Kjetsaa, Geir: Dostojewski. Sträfling - Spieler - Dichterfürst, Gernsbach 1986
Lavrin, Janko: Fjodor M. Dostojevskij, Reinbek bei Hamburg 1997 (24. Aufl.)
Maurina, Zenta: Dostojewski. Menschengestalter und Gottsucher, Memmingen 1981 (4. Aufl.)
Müller, Ludwig: Dostojewski. Sein Leben – sein Werk – sein Vermächtnis, München 1990 (2. überarb. u. ergänzte Auflage)
Nigg, Walter: Religiöse Denker, Berlin/München 1948
Spieker, Markus: 50 christliche RomaKlassiker, Holzgerlingen 2005, S. 41f

Graham Greene:
Bekehrung ohne existenzielle Folgen

Graham Greene bleibt ein Phänomen. Obwohl über ihn mehrere gut recherchierte Biographien erschienen sind und obwohl er selbst zwei Autobiographien verfasst und sich zahlreichen Interviews gestellt hat, bleibt doch manches in seinem Leben dunkel, mehrdeutig, nicht so recht fassbar. Er liebte es nun einmal nicht, sich festzulegen, sich in die Karten schauen zu lassen. Er verstand es, „Versteck" zu spielen, die Wahrheit zu verschleiern. Seine am Abgrund des Lebens spielenden Romane, ihre labilen, unglücklichen, innerlich zerrissenen und von Schuld und Scheitern geprägten Protagonisten – rastlose und gehetzte Gestalten allesamt –, sie geben wohl ebenso viel von ihm selbst, dem Autor, preis, wie er andererseits in seinen eigenen Autobiographien zurückhält. Sie widerspiegeln seine eigenen Neurosen. Nach Marie-Francoise Allain sind dies: „Seine Fluchtbesessenheit, die Anziehungskraft, die ‚der gefährliche Rand der Dinge' auf ihn ausübt, der Zwiespalt, der sein Leben geprägt hat." Graham Greene – ein Mann der Gegensätze und Obsessionen. Ulrich Greiwe resümiert dann auch in seiner 2004 erschienenen Biographie über den englischen Schriftsteller: „Greene war katholisch und unmoralisch, er war Sünde und Beichte, er war als Dichter Himmel und Hölle in einem. (...) Er war ein bescheidener Geheimdienstmann und ein seltsamer Gläubiger, aber er war vor allem ein geheimnisvoll ergreifender Erzähler."

Graham Greene ist 1904 als das vierte von insgesamt sechs Kindern der Eheleute Marion und Charles Greene in Berkhamsted, einem kleinen, rund 50 km von London entfernten Ort geboren. Wenn die Mutter auch nur wenig emotionale Wärme und Zärtlichkeit den Kindern gegenüber zu zeigen verstand und überhaupt nur geringes Interesse für ihr Ergehen und Erleben aufzubringen vermochte, so schien dieses doch Graham Greene als Kind – glaubt man seinen späteren Beteuerungen – nicht unangenehm gewesen zu sein. Denn sie mischte sich nie in die Angelegenheiten der Kinder ein und besaß einen „wunderbaren Mangel an Besitzerinstinkt". Und es macht schon betroffen, wenn Greene ferner bemerkt: „Ich hatte sie gern, obwohl mir zur gleichen Zeit bewusst war, dass es mir nichts ausmachen würde, sie monatelang nicht zu sehen. Sie ihrerseits dürfte das gleiche Gefühl gehabt haben. Wir mochten uns sehr, wahrten aber immer Distanz." Ihr Mann, Charles Greene, zeigt zwar den Kindern gegenüber aufrichtiges Interesse, kann aber seiner Anteilnahme und Liebe nur unvollkommen Ausdruck verleihen. Dass Graham Greene lange Zeit für seinen

Vater – der ihm „allzu sehr die Autorität verkörperte" – „nichts empfand", auch das berührt einen seltsam.

Mit dreizehn Jahren tritt in das Leben des Jungen ein plötzlicher Bruch ein, kommt es zu einem nie überwundenen, schweren Trauma. Das Ganze hing unauflösbar mit dem Beruf, vielleicht auch mit der besonderen Art seines Vaters zusammen. War dieser doch Rektor der Berkhamsted-Schule, der ein Internat für ältere Schüler angegliedert war. Und in diese Internatsgemeinschaft muss sich nun der Dreizehnjährige mit anderen pubertierenden Jungen einfügen, muss mit ihnen gemeinsam Tag und Nacht des Anstaltslebens teilen. Wie ein Externer, obwohl sich doch gleich nebenan die elterliche Wohnung, nur durch eine Tür getrennt, befindet. Die nächsten drei Jahre sind für Graham der reinste Horror. Er ist nun einmal der Sohn des Schulrektors. Eines Rektors, der es sich zu einer Lebensaufgabe gemacht zu haben schien, die Jungen durch ein ausgeklügeltes Kontroll- und Überwachungssystem vor vermeintlichen sittlichen Schäden zu bewahren. Der junge Greene gerät in einen schier ausweglosen Loyalitätskonflikt: „Ich hatte Freunde, einige wenige, aber ich war auch der Sohn meines Vaters – und sie mochten meinen Vater nicht. Ich gehörte weder der einen noch der anderen Seite an. Ich konnte mich nicht den Schülern anschließen, ohne meinen Vater zu verraten, und sie betrachteten mich als einen feindlichen Kollaborateur auf besetztem Territorium." Gefühle der Spaltung und wechselhafte Loyalitätszwänge durchziehen fortan wie eine Konstante Greenes Leben – und sein gesamtes dichterisches Werk.

Ab Herbst 1922 studiert Graham Greene am Balliol College in Oxford. Immer deutlicher zeigt sich, dass seine Persönlichkeitsstruktur zum Manisch-Depressiven hintendiert. Wie schon in Berkhamsted, so befällt ihn auch in Oxford periodisch das Empfinden grenzenloser Leere und Langeweile. Viel zu oft gibt er sich einem exzessiven Trinken hin.

Interesse an einem ernsthaft betriebenen Studium hat Greene nur wenig bis gar nicht. Was ihn fesselt, ist die Literatur. Immer stärker entwickelt sich in ihm der Wunsch, einmal als freier Schriftsteller leben zu können. Doch zunächst landet er nach dem Studium als Volontär beim *Nottingham Journal* und im März 1926 als Redakteur bei der *Times*.

Noch in Nottingham hatte Greene die junge Lyrikerin Vivien Dayrell-Browning kennengelernt, die er dann 1927 heiraten sollte. Da Vivien überzeugte Katholikin war, war für sie eine Heirat mit einem Nichtkatholiken schwer vorstellbar gewesen. Graham Greene, dem bislang „mit Religion nicht viel mehr verband als die sentimentalen Lieder in der Schulkapelle“, war dann auch vor der Heirat zur Katholischen Kirche übergetreten. Die Konversion war durch viele Gespräche mit dem Nottinghamer Geistlichen Pater Trollope vorbereitet worden. In ihm fand Greene einen geduldigen Zuhörer und verständnisvollen Ratgeber, der die zahlreichen Einwände seines skeptischen Gesprächspartners klug zu parieren verstand.

Mit den Gesprächen stieg Greenes Interesse an dem katholischen Glauben. In seiner Autobiographie *Eine Art Leben* beschreibt er seine Konversion so: „Ich traf Trollope ein- oder zweimal die Woche zu einer Stunde der Unterweisung, und zu meiner Überraschung freute ich mich mehr und mehr auf diese Gelegenheiten. (...) Bischof Gore schreibt in seinem großen Buch über den religiösen Glauben, seine eigene erste Schwierigkeit habe darin bestanden, dass er nicht an die Liebe Gottes glaubte; meine eigene erste Schwierigkeit war die, überhaupt an Gott zu glauben.“

Doch gegen diesen Glauben wehrt sich Greene mit all seinem „dogmatischen Atheismus“ geradezu verzweifelt. Es ist wie ein Kampf um Leben oder Tod. Dann jedoch gibt er sich geschlagen: „Ich kann mich nur erinnern“, bekennt er, „dass ich im Januar 1926 von der Existenz eines Wesens, das wir Gott nennen, überzeugt wurde. (...) Der Spaß am intellektuellen Geplänkel war vorbei. (...) Ich hatte das Ende des festen Landes erreicht, und auf mich wartete, wenn ich nicht umkehrte, das Meer. (...) Die erste Generalbeichte, die der Taufe vorausgeht und das ganze bisherige Leben eines Menschen einbezieht, ist eine demütigende Prozedur. (...) Bei der Erstkommunion glaubt ein Konvertit wirklich an seine eigenen Gelübde. Ich trug meine wie schwere Steine in eine leere Ecke der Kathedrale, die schon am frühen Nachmittag dunkel war, und die einzige Zeugin meiner Taufe war eine Frau, die die Stühle abstaubte.“

Es wäre womöglich ungerecht und auch anmaßend, wollte man Greenes Konversion nur als eine Konzession an den Glauben seiner Verlobten und damit lediglich als ein taktisches Manöver zur Überwindung eines unliebsamen Ehehindernisses ansehen. Es mag durchaus so gewesen sein, dass Greene zu der Zeit tatsächlich mit seinem bisherigen atheistischen Wirklichkeitsverständnis gebrochen und einen bewussten Glaubensentscheid zur Katholischen Kirche hin getroffen hatte. Doch es sollte sich im Verlauf seines weiteren Lebens nur zu sehr zeigen, dass ihn existenziell der christliche Glaube nie wirklich erfasst hatte. Mag er auch fromme Essays verfasst haben und als „katholischer" Dichter sogar von Paul VI. empfangen worden sein, so spielte doch in seinem persönlichen Leben der Glaube als eine das Leben verpflichtende und verändernde Macht keine Rolle. An dieser Stelle fehlte es ihm an Konsequenz und blieb er in Halbherzigkeit stecken. Vielleicht war es doch zu wenig gewesen, dass er lediglich – wie er einmal im Zusammenhang mit der Religion gesagt hatte – „einen Fuß in die Tür gestellt" hatte.

Graham Greene hatte keinen leichten Charakter. Seine komplexe, neurotische, zu Bindung und vertrauensvoller Hingabe nicht fähige Persönlichkeit war voller Widersprüche. („Ich kenne mich selbst nicht, und ich will mich nicht kennen. (...) Mein Thema ist die Wurzellosigkeit, doch der Stoff dafür ist mein Leben.") Schon früh und dann zeitlebens hatte er sich einem ausschweifenden, exzessiven Lebensstil hingegeben. Das betraf nicht nur seinen Alkohol- und Tablettenkonsum. So hinderte ihn auch seine Ehe nicht daran, Beziehungen zu Geliebten zu haben und mit vielen Prostituierten zu verkehren. Es war bei ihm wie ein Zwang.

Man hat bei Greene den Eindruck, dass er von einer ruhelosen Angst besetzt ist, er könne etwas im Leben verpassen. Und dass er alles, was das Leben an Abwechslung (und Ablenkung!) zu bieten hat, meinte unbedingt mitnehmen, mitmachen zu müssen, um sein seltsames Grundgefühl der „Langeweile" – durch depressive Schübe zeitweise noch verstärkt – zu überspielen, zu verdrängen.

Mit Thrillern wie *Der Orientexpress, Der dritte Mann* oder *Unser Mann in Havanna* war Graham Greene schon bald zu einem der erfolgreichsten Schriftsteller seiner Zeit avanciert. Alle seine Werke beschreiben eine dunkle, brüchige Welt voller Skrupellosigkeiten und Illoyalitäten. Eine Welt auch, in der der Einzelne seine Integrität verloren hat und in Entfremdung zu sich selbst und seinen Mitmenschen lebt. Und in Entfremdung zu Gott! Damit baute Greene in einigen seiner Romane neben der Mischung aus Verrat und Verbrechen, Erotik und Unmoral noch eine zusätzliche Komponente ein, nämlich die Dimension des Glaubens und des Göttlichen. Am deutlichsten in *Das Herz aller Dinge* sowie in *Die Kraft und die Herrlichkeit*.

Betrachtet man den christlichen Gehalt seiner Werke genauer, so stellt man allerdings fest, dass dieser doch recht dürftig ausfällt und zuweilen in die Nähe einer Parodie kommt. Dabei fällt ein immer gleiches Muster auf: Die Romanfiguren, die mit religiösen Konflikten ringen, sind meistens alle im Leben und in ihren menschlichen Beziehungen gescheiterte und innerlich gespaltene Persönlichkeiten. Ihr Verhältnis zu Gott, von dem sie oftmals ein recht verqueres Bild haben, und an den sie mehr zweifeln als glauben und den sie zuweilen mehr zu hassen als zu lieben scheinen, von dem sie aber dennoch nicht loskommen – dieses Verhältnis ist stets ein gequältes und gestörtes und bleibt durchgehend ambivalent. Den (manchmal auf tragische Weise) moralisch Gescheiterten und Gestrauchelten gilt dabei Greenes ganze Sympathie. Er hofft, dass Gottes Gnade größer ist und weiter reicht als Schuld und Versagen – als menschliches Richten es für möglich hält.

In *Die Kraft und die Herrlichkeit* ist es ein haltloser, abgewrackter katholischer Priester, der im Mittelpunkt der Erzählung steht. Er hält sich in dem Teil Mexikos auf, in dem infolge einer kommunistischen Revolution die Unterdrückung der Katholischen Kirche besonders weit fortgeschritten ist: Die Religionsausübung ist streng verboten, sämtliche Kirchen sind geschlossen. Die Priester haben entweder die Provinz verlassen oder sind als Märtyrer gestorben. Geblieben ist ein im Geheimen ministrierender Priester. Er ist dem Alkohol verfallen und Vater einer unehelichen Tochter. Von den Menschen wird er Schnapspriester genannt. Ihm auf den Fersen ist ein fanatischer kommunistischer Polizeileutnant, der mit seinem radikalen atheistisch-materialistischen Menschenbild und Weltverständnis einen Gegenpart zu dem Priester darstellt. Doch mag dieser auch kein guter Priester und noch weniger ein Heiliger sein, – sein menschliches Erbarmen und sein ihm als ordiniertem Priester auferlegtes Amt führen ihn immer wieder, wenn auch widerstrebend, zu den Menschen, die nach ihm in ihrer geistlichen Not verlangen, und verwehren es ihm so, sich noch rechtzeitig abzusetzen und in Sicherheit zu bringen. So dass er am Ende durch den Verrat eines Mestizen doch noch in die Hände seines gnadenlosen Verfolgers fällt und als Märtyrer wider Willen und in dem Gefühl, als Priester versagt zu haben, hingerichtet wird. Dass er durch sein Leben (und Sterben!) allem Versagen, allen Selbstvorwürfen und Selbstzweifeln zum Trotz wohl doch noch etwas Positives bewirkt und einen Auftrag erfüllt hat, deutet der offen gehaltene Schluss des Romans nur an.

In *Das Herz aller Dinge* gerät Scobie, der in einer westafrikanischen britischen Kolonie als stellvertretender Polizeikommandant tätig ist, durch den Versuch, sowohl der eigenen Ehefrau als auch seiner jungen Geliebten gerecht zu werden und weder die eine noch die andere zu enttäuschen, in einem für ihn immer auswegloser werdenden Konflikt. Für beide empfindet er Mitleid. Für beide fühlt er sich verantwortlich. Hinzu kommt ein schweres Schuldgefühl, da er als gläubiger Katholik im Zustand der Unbußfertigkeit die Kommunion empfangen hat. Durch sein Unvermögen, auch schmerzhafte Entscheidungen zu treffen, hat er sich am Ende in einem Netz fortschreitender Schuld verfangen, bei dem ein Versagen ein anderes Versagen bedingt, und sieht nur noch den eigenen Selbstmord als vermeintlichen Ausweg an.

Graham Greene war zeit seines Lebens von einem großen Reisefieber erfasst. Seine Reisen, die ihn rund um den Globus führten, waren zum Teil mit einem Reportage-Auftrag für eine bedeutende Zeitschrift verbunden und stellten für ihn wohl einen Versuch dar, um sich selbst zu entfliehen. „Eine Art von russischem Roulette", so schreibt er selbst, „hat mein Leben bestimmt, so, als ich mich ohne vorherige Afrika-Erfahrung auf eine absurde und strapaziöse Expedition durch Liberia begab; es war der Horror vor Langeweile, der mich in einer Zeit religiöser Verfolgungen nach Tobago zog, zu einer Leprakolonie in den Kongo, ins Kikuyu-Reservat während des Mau-Mau-Aufstandes, zu den Wirren in Malaya und in den französischen Vietnamkrieg." Doch auch die von Revolutionswirren und anderen Krisen erschütterten Länder Mittel- und Südamerikas bereist Greene häufig, lernt die Politgrößen Fidel Castro, Torrijos, Allende, Ernesto Cardenal, Ortega u. a. persönlich kennen. Er wendet sich gegen die wirtschaftliche und machtpolitische Einflussnahme der Hegemonialmacht USA auf die lateinamerikanischen Länder und prangert den „amerikanischen Kapitalismus" an. Auch kritisiert er das militärische Engagement der westlichen Supermacht im Vietnamkrieg. Viele Romane Greenes spielen vor dem politischen, kulturellen und landschaftlichen Hintergrund der Länder, die er bereist hat. Das gibt ihnen ein landestypisches Gepräge und verleiht dem Lokalkolorit deutliche Konturen.

Neben seiner schriftstellerischen und journalistischen Tätigkeit war Graham Greene auch als Geheimagent tätig. Doch ist er immer bemüht gewesen, die Bedeutung seiner Spionageaktivitäten herunterzuspielen. Er sprach auch nur davon, dass er im Zweiten Weltkrieg für den britischen Geheimdienst SIS („Secret Intelligence Service") tätig gewesen sei, und zwar zunächst in Liberia und Sierra Leone und dann von seinem Heimatland aus. Heute weiß man, dass Greene auch nach dem Zweiten Weltkrieg noch lange Zeit für den britischen Geheimdienst gearbeitet hat. Als eine Art informeller Mitarbeiter diente er dem SIS bis Anfang der achtziger Jahre. Dabei war es seine Aufgabe, Kontakte zu unterhalten und geheimdienstrelevante Informationen zu beschaffen. Es ist also durchaus möglich, dass nicht wenige seiner vielen

Reisen in die Krisengebiete der Welt vom SIS finanziert worden sind. Als umherreisender Schriftsteller und Reporter schien er unverdächtig.

Graham Greene war sich bewusst, dass sein Lebensstil mit seinem Glauben nicht übereinstimmte. So verneinte er dann auch einmal die ihm in einem Interview gestellte Frage, ob er zur Kommunion gehe, mit der freimütigen Begründung: „Ich habe gegen Vorschriften verstoßen; gegen Regeln, die ich respektiere. (...) Würde ich zur Kommunion gehen, müsste ich beichten und Besserung geloben. Ich ziehe es vor, mich selbst zu exkommunizieren."

Graham Greene starb am 3.4.1991 in Vevey in der Schweiz. Hinter ihm lag ein aufregendes, aber auch ein aufreibendes Leben. Ein glückliches, erfülltes Leben war es wohl nicht. Oft war er des Lebens überdrüssig. („Ich wünschte oft zu sterben – aber es hat mir immer an der nötigen Entschlusskraft gefehlt.") Und so resümiert dann auch Michael Shelden am Ende seiner kritischen Greene-Biographie: „Es hat keinen Sinn, von Greene ein idealisiertes Bild zeichnen zu wollen. (...) Wer in seinem Leben moralische Vorbildlichkeit sehen möchte, erweist ihm keinen guten Dienst. Es gibt zu viele Beweise, die dem widersprechen (...) Die Bücher haben ihn einst großgemacht, und auf den Büchern beruht nun sein Ruf. Nachdem alle Stimmen gehört sind, hat die Literatur das letzte Wort."

Literatur- und Quellennachweis

Greene, Graham: Eine Art Leben, Wien 2004
Greene, Graham: Fluchtwege, Wien 1981
Greene, Graham: Gespräche mit Marie Francoise Allain, Wien/Hamburg 1983
Greiwe, Ulrich: Graham Greene und der Reichtum des Lebens, München 2004
Hazzard, Shirley: Begegnung auf Capri. Erinnerungen an Graham Greene, Wien 2002
Martin, Marko: Der Mann, der wusste, wie man moralisch scheitert. Zum 100. Geburtstag des großen Schriftstellers Graham Greene (Die Welt v. 2.10. 2004)
Pralle, Uwe: Früchte des Hasses. Michael Sheldons biographische Attacken auf Graham Greene (*Neue Zürcher Zeitung* v. 7./8. 12.1996)
Shelden, Michael: Graham Greene. Eine Biographie, Göttingen 1995

Sören Kierkegaard:
Glückliche Bekehrung eines Unglücklichen

Ein kleiner, vielleicht noch nicht einmal zehn Jahre alter Hirtenjunge namens Michael Pedersen Kierkegaard hütet in der kargen jütländischen Heidelandschaft Schafe. Ihn friert in der Kälte, er leidet Hunger. Er fühlt sich einsam und verlassen. Da stellt das Kind sich auf eine Anhöhe – womöglich handelt es sich um einen großen Findlingsstein –, ballt seine kleinen Fäuste und *verflucht* in seiner ganzen Empörung und Verzweiflung *Gott*! Denn wie könne Gott – wenn es ihn denn gebe – es zulassen, dass ein armes, unglückliches Kind wie er so sehr leiden müsse, statt ihm zur Hilfe zu kommen!

Nur wenig später, Michael ist inzwischen elf oder zwölf Jahre alt, verlässt der Junge den kleinen, ärmlichen Bauernhof seiner Eltern in Saeding und begibt sich nach Kopenhagen. Hier kommt er bei seinem Onkel Nils Andersen Seding, der sich in der dänischen Hauptstadt zu einem Wollwarenhändler hochgearbeitet hat, als Lehrling unter. Nach seiner Lehr- und Gesellenzeit erwirbt Michael einen Gewerbeschein und eröffnet selbst ein eigenes Wollwarengeschäft. Da er überaus geschäftstüchtig ist, floriert sein Handel mit Woll- und anderen Stoffwaren aufs Beste. Und dann beerbt er auch noch seinen unverheiratet gebliebenen wohlhabenden Onkel. Michael Kierkegaard hat es geschafft! Aus dem armen jütländischen Bauernjungen ist ein reicher, angesehener Kopenhagener Kaufmann geworden.

Doch wer meint, dass der Emporkömmling nun glücklich und zufrieden gewesen wäre, der irrt. Wie ein Fluch verfolgt ihn jene Verwünschung, die er einst als Hirtenjunge in der Heide gegen den Allmächtigen ausgestoßen hat. Tief brennt sich der Vorfall in sein Gewissen ein und belastet sein Gemüt schwer. Die Schwermut hat ihn in ihrem Griff und lässt ihn nie mehr los. Michael Kierkegaard wird immer mehr zum Grübler. Doch auch wenn er glauben möchte, dass Gott ihm seine schwere Schuld vergeben haben mag, – die Folgen jener Schuld, davon ist er überzeugt, muss er zeitlebens tragen. Umso mehr ist er bestrebt, pflichtbewusst, untadelig und gottesfürchtig zu leben. Regelmäßig besucht er die Gottesdienste, regelmäßig geht er zu Beichte und zum Abendmahl. Oftmals nimmt er an den Zusammenkünften der frommen, pietistischen *Herrnhuter Brüdergemeine* teil.

1794 hatte Michael Kierkegaard Kristine Röyen geheiratet. Nur anderthalb Jahre später verlor er sie durch den Tod. Bereits im April 1797 heiratet der Witwer erneut: Ane Lund heißt seine zweite Frau. Sie war sein Dienstmädchen gewesen. Sie ist von schlichtem, aber fröhlichem Gemüt. Doch es handelt sich nicht um eine Liebesheirat. Es ist eine „Mussheirat", denn Ane ist bei der Trauung im vierten Monat schwanger. Geschwängert von ihrem frommen, grüblerischen Hausherrn, der allerdings ab und an schon mal etwas mehr dem Alkohol zuspricht, als ihm guttut. Nun wird auch dieser Fehltritt Michaels Gewissen zusätzlich belasten.

Insgesamt sieben Kinder wurden dem Ehepaar geschenkt: drei Mädchen zuerst, dann vier Jungen. Sören Aabye, der am 5. Mai 1813 zur Welt kommt, ist der Jüngste. Er ist Vaters Liebling. Wie über seinen Augapfel wacht Michael Kierkegaard, der bei Sörens Geburt bereits 56 Jahre alt war, über den Jungen und seine Entwicklung. Er hat sich fest vorgenommen, ihn in einer besonderen christlichen und geistigen Weise zu prägen und zu erziehen. Von der Sünde will er ihn fernhalten. Er soll nicht wie sein Vater versagen. Er soll gutmachen. Daher nimmt er sich auch viel Zeit für didaktische und gedankenreiche Gespräche mit dem aufgeweckten Jungen. Dabei disputieren sie oftmals miteinander „wie zwei gute Köpfe, ohne Vater und Sohn zu sein".

Wie ambivalent allerdings dieses Vater-Sohn-Verhältnis für Sören war, wie verstörend auch, das machen nicht zuletzt diverse, zum Teil widersprüchliche Eintragungen in seinen *Tagebüchern* deutlich, die er später als Erwachsener verfasst hat. So hatte er im Sommer 1840, knapp zwei Jahre nach dem Tod seines Vaters am 9.8.1838, eine Art Pilgerreise in die jütländische Heide und nach Saeding, dem Geburtsort von Michael Kierkegaard, gemacht. Hinter ihm liegt das bestandene Staatsexamen zum Pfarrer. Vor ihm liegt die Zukunft als Geistlicher. Überwältigt von dem Gefühl, nicht nur des Vaters biographische Spuren zurückzuverfolgen, sondern mit einer beabsichtigten Pfarrerslaufbahn auch dessen Herzenswunsch zu erfüllen, schreibt er bewegt: „Sein letzter Wunsch an mich ist erfüllt – sollte wirklich meine ganze irdische Bestimmung darin aufgehen? In Gottes Namen! Die Aufgabe war doch nicht so demütigend im Verhältnis zu dem, was ich ihm verdankte. Ich lernte von ihm, was Vaterliebe ist, und dadurch erhielt ich einen Begriff von der göttlichen Vaterliebe, dem einzigen Unerschütterlichen im Leben, dem wahren archimedischen Punkt."

In anderen autobiographischen Aufzeichnungen jedoch beklagt sich Sören Kierkegaard darüber, dass er von einem problematischen alten Mann mit ganz bestimmten und wohl auch recht rigiden, jedenfalls nicht altersgemäßen religiösen Vorstellungen erzogen worden sei, was sich konfliktvoll in seiner allgemeinen wie auch glaubensmäßigen Entwicklung ausgewirkt habe. Besonders erschütternd ist dabei die folgende Aussage: „Als Kind ward ich strenge und mit Ernst im Christentum erzogen, menschlich gesprochen: auf wahnsinnige Weise erzogen. Bereits in der frühesten Kindheit hatte ich mich verhoben an den Eindrücken, unter denen der schwermütige alte Mann, der sie auf mich gelegt hatte, selber zusammensank – ein Kind, auf wahnsinnige Weise dazu verkleidet, ein schwermütiger alter Mann zu sein.“ Hier wie auch an anderen Stellen, in denen sich Kierkegaard autobiographisch äußert, wird deutlich, dass der Sohn schon sehr früh in die Schwermut des Vaters mit hineingezogen worden ist.

Kierkegaard selbst hatte nach seinem Abitur im Jahr 1830 begonnen, in Kopenhagen theologische und philosophische Vorlesungen zu besuchen. Doch seit etwa 1835 versuchte er, sich aus der bedrückenden Atmosphäre seines Elternhauses zu lösen, sich von dem dominierenden Einfluss seines Vaters zu emanzipieren. Er will nicht mehr glauben. Er will *leben* und nicht immer nur *denken*! Er bricht aus. Er genießt die exquisiten Speisen und Getränke in den teuren Restaurants und Kaffeehäusern. Es gibt so manche ausgelassene Kneiperei mit anderen Saufkumpanen. Die Besuche der Opern und Schauspiele im Königlichen Theater werden ihm zur Leidenschaft. Man sieht ihn auf zahlreichen Gesellschaften und in Salons. Überall ist er ein gern gesehener Gast. Denn der Kaufmannssohn kann bei all seiner geheimnisvollen Traurigkeit Witz und Esprit versprühen. Er vermag es, in seiner geschmeidigen und verblüffenden Dialektik, geistreiche Gespräche zu führen. Er versteht es, den Damen Komplimente zu machen.

Doch auf Dauer vermag Sören sich Gott nicht zu entziehen. Alle diese Ablenkungen, denen er sich auf seiner Flucht vor dem Vater, die ja zugleich auch eine Flucht vor Gott ist, hingibt, können seine innere Leere nicht ausfüllen, können seine Verzweiflung nicht aufheben. Er kommt bei seiner ganzen Halt- und Orientierungslosigkeit einfach nicht zur Ruhe. Noch während seiner „weltlichen“ Phase bilanziert er: „Sowohl auf dem grundlosen Meer der Vergnügungen als auch in den Tiefen der Erkenntnis habe ich vergebens einen Ankerplatz gesucht. Ich habe die fast unwiderstehliche Macht gefühlt, mit der ein Vergnügen dem andern die Hand reicht; ich habe die Art von unechter Begeisterung empfunden, die es imstande ist hervorzurufen; ich habe auch die Langeweile, die Zerrissenheit gefühlt, die darauf folgt. Ich habe die

Früchte vom Baum der Erkenntnis gekostet und habe mich wieder und wieder an ihrem Wohlgeschmack erfreut. Aber diese Freude war nur im Augenblick der Erkenntnis da und hinterließ keine tiefere Spur in mir selbst. (...) Ich habe versucht, jenen Angelpunkt meines Lebens durch Resignation zu finden, dadurch, dass ich mir vorstellte, es könne nicht anders sein, da alles nach unerforschlichen Gesetzen vor sich geht. (...) Was fand ich? Nicht mein Ich. (...) Das war also das erste, was entschieden werden sollte; das war jenes Suchen und Finden des Himmelreichs."

Kierkegaard entscheidet sich dafür, den Glauben ganz neu zu wagen. Er will Ernst machen mit einer Existenz als Christ. Dabei widerfährt ihm so etwas wie eine Schlüsselerfahrung. Im Frühjahr 1838 trägt er in sein Tagebuch ein: „Es gibt eine *unbeschreibliche Freude*, die uns ebenso unerklärbar durchglüht, wie des Apostels Ausbruch unbegründet hervorbricht: ‚Freuet euch, und abermals sage ich: Freuet euch.' – Nicht eine Freude über dies und jenes, sondern der Seele vollgültiger Ausruf ‚mit Zung' und Mund und aus Herzens Grund': ‚ich freue mich an meiner Freude, aus, in, mit, bei, an, durch und mit meiner Freude' – (...); eine Freude, die gleich einem Windhauch kühlt und erfrischt, (...) – Den 19. Mai, vormittags, 10 ½ Uhr"

Und auch zu seinem irdischen, immer kränker und hinfälliger werdenden Vater kehrt der verlorene Sohn zurück. Er gibt seine Wohnung auf und zieht wieder zu Michael Kierkegaard, dem einsam lebenden Rentier. Der stirbt nur wenige Monate später. In einer Tagebucheintragung am 11. August 1838, zwei Tage nach dem Tod des Alten, hält Sören Kierkegaard fest: „Von allem, was er mir hinterlassen hat, ist sein Andenken, sein verklärtes Bild, verklärt nicht durch Erdichtungen meiner Phantasie (...), sondern verklärt durch viele einzelne Züge, von denen ich jetzt Kenntnis bekomme, mir das Teuerste. (...) Er war ein ‚vollgetreuer Freund'."

Noch vor dem Tod des Vaters hatte Sören Kierkegaard sich in ein junges Mädchen verliebt. Regine Olsen ist ihr Name. Sie ist nicht nur schön und anmutig, sie besitzt auch ein ausgeglichenes, unkompliziertes und fröhliches Wesen. Eigentlich die ideale Ergänzung zu Kierkegaard. Am 10.9.1840 verloben sich die beiden.

Doch damit setzt auch schon das Liebes- und Beziehungsdrama ein, bei dem Regine nicht minder seelische Schmerzen durchleiden sollte wie ihr Verlobter. Der inzwischen 27-jährige junge Mann wird nämlich unmittelbar nach der Verlobung von schweren, selbstquälerischen Zweifeln und Gewissensnöten heimgesucht. Er fragt sich, ob er nicht unrecht und verantwortungslos gegenüber Regine handeln würde, wenn er eine Ehe mit ihr einginge? Bei der besonderen Problematik, den offenkundigen Belastungen der Kierkegaardschen Familiengeschichte väterlicherseits. Bei der erworbenen eigenen Schwermut. Bei seinen persönlichen Verfehlungen in seiner Vergangenheit. Würde er bei einer solchen Hypothek, die er mit in die Ehe brächte, Regine nicht überfordern? Sie – und womöglich die eigenen, gemeinsamen Kinder? – mit hineinreißen in die Kierkegaardsche Unheilsgeschichte?

Kierkegaard bemüht sich zunächst, Regine verstehen zu geben, dass er wohl doch nicht der rechte Mann für sie sei. Aber seine Verlobte will davon nichts wissen. Schließlich schickt Sören ihr sogar den Verlobungsring zurück. Doch noch immer akzeptiert Regine in ihrer ganzen Treue und bedingungslosen Liebe zu Kierkegaard die Trennung nicht. Da denkt sich der eine neue Taktik aus: Damit es Regine sein soll, die von sich aus das Verlöbnis löst und sich endlich von ihm trennt – und damit er nach außen, in der Öffentlichkeit als der „Schuldige" der Entlobung dasteht und nicht sie –, will er alles tun, um sich so schlecht, so niederträchtig und charakterlos wie nur möglich zu geben. Welch eine Qual für die verstörte Regine, die ihren Verlobten nicht mehr wiedererkennt! Welche Qual aber auch für diesen selbst. Endlich kommt es zur Trennung.

Kierkegaard litt unsäglich unter dem Bruch, den er verursacht hatte. Andererseits fühlte er sich jetzt frei zu neuen Aufgaben. Eigentlich muss es für ihn ja auch bei all seiner ausgesprochenen Individualität unvorstellbar gewesen sein, sein künftiges Leben „ganz normal" in den Schranken eines Pfarrdienstes zu gestalten und als treusorgender Ehemann und Familienvater für andere Verantwortung tragen zu müssen. Er hatte ja schon genug mit sich selbst zu tun! Auch diese Überlegungen mögen bei seinen Trennungsmotiven mitgespielt haben.

Jedenfalls fühlt sich Kierkegaard zu Höherem berufen. Immer stärker wird in seinem Innern der Drang, seine philosophischen und christlichen Gedanken und Überlegungen dichterisch auszudrücken. Bereits 1843 erscheint sein großes Werk *Entweder – Oder*. In ihm stellt Kierkegaard den Leser vor die Wahl zwischen einer „ästhetischen" Existenzform des Lebens und einer „ethischen". Wie seine Folgewerke jedoch deutlich machen, geht es ihm aber vor allem um die Propagierung eines dritten Stadiums menschlicher Lebensausrichtung, nämlich um die „christliche" Existenzform. Das machen seine in der Folgezeit entstandenen religiösen Schriften deutlich, nicht zuletzt sein grundlegendes Werk *Einübung im Christentum* (1850). In ihnen bestreitet Kierkegaard, dass das herkömmliche, jetzige Christentum noch identisch ist mit dem ursprünglichen Christentum, so wie es sein Stifter vorgelebt und gelehrt habe. Einen sentimentalen Glauben an Jesus, den man lediglich zur Gewissensberuhigung und als Wohlgefühl pflegt, lehnt Kierkegaard jedenfalls entschieden ab. Ebenso stellt er ein Traditions- und Gewohnheitschristentum, das nichts kostet und bei dem sich die Kirchenmitglieder durch ihre Taufe und christliche Erziehung ganz automatisch als Christen betrachten, in Frage. Denn um Christ zu *werden*, müsse man sich persönlich dafür *entscheiden*, auch ein Christ sein zu wollen. Dieser existenzielle Entscheidungsakt kann wohl am besten mit einem „Sprung" verglichen werden, den es im vorbehaltlosen Glauben und Vertrauen zu wagen gilt. Das schließt auch die Bereitschaft ein, mögliche „ärgerliche" Konsequenzen des auf Christus bezogenen Glaubens auszuhalten.

Kierkegaard fordert nämlich dazu auf, sich zunächst einmal Jesus Christus als den zu vergegenwärtigen, als der er in seinen Erdentagen erschienen ist: als das große Paradox und Ärgernis! Denn was für eine Zumutung für seine Zeitgenossen, dass hier ein Mensch – denn der Gottessohn war ja als Mensch erschienen! – die Behauptung aufstellte, *Gottes Sohn* zu sein! (Man stelle sich einmal vor, das würde *heute*, würde vor *unseren* Augen und Ohren geschehen!) Doch nicht nur Jesu Selbstbezeugungen waren Ärgernis erregend, Ärgernis erregend waren auch seine Lehren in all ihrer ungeschönten Wahrheit, wie auch seine Forderungen in all ihrer Radikalität. Sie waren nicht darauf erpicht, Beifall und Sympathie bei den Menschen zu erlangen. Sondern nur das Eine verlangte Christus, nur um das Eine warb er, dass man ihm – den das Establishment verhöhnte und abwies, ja, der am Ende sogar *gekreuzigt* wird –, dass man ihm vertraue, seine Liebe erwidere, ihm nachfolge. *Diesen* Jesus, so Kierkegaard, sollen die Christen sich vor Augen halten bei der Frage, ob sie selbst wirklich bereit seien, an ihn, den Verachteten, glauben und ihm nachfolgen zu wollen. Auch um des Preises willen, selber dafür in und von der Welt verachtet zu werden. Und selbst derjenige, der Christus *bewundert*, ist nach Kierkegaard noch lange kein Christ. So heißt es in *Einübung im Christentum* dann auch: „Herr Jesus Christus, (...) erlöse uns von dieser Verwirrung, dass wir dich bewundern wollen, statt dir nachfolgen und ähnlicher werden zu wollen."

Doch all diese Kennzeichen echten, ursprünglichen Christseins vermisste Kierkegaard bei dem herkömmlichen Christentum seiner Zeit. Vor allen Dingen vermisste er es bei den führenden Vertretern der Kirche, bei den in Amt und Würden stehenden Pfarrern und Professoren. Die doch nur Vorteile, wie etwa eine Besoldung und ein hohes Ansehen in der Welt, aus ihrer Tätigkeit erzielen. Die sich so viel auf ihre Gelehrsamkeit einbilden – und darüber versäumen, Christus nachzufolgen. Hart und schonungslos unterzieht er sie seiner Kritik. Unter anderem führt er aus: „Mit der Einladung an alle, die ‚mühselig und beladen' sind, ist das Christentum nicht (...) als ein Prachtexemplar milder Trostgründe in die Welt gekommen – sondern als das *Absolute*. (...) Deswegen ist all das Relative, was man herausgeklügelt hat, warum und aus welchem Grunde es da sei, Unwahrheit. Vielleicht ist man aus einer Art menschlichem Mitleiden darauf verfallen, das meint, etwas abhandeln zu müssen – in dem Gott die Menschen vermutlich nicht kenne und seine Forderungen zu überspannt seien, weshalb dann die Pfarrer Hilfestellung leisten müssten, um es etwas herunterzuhandeln. Vielleicht ist man darauf verfallen, um sich mit den Menschen gut zu stehen, (...)" Auch warnt Kierkegaard davor, dass die christliche Verkündigung zu einer belanglosen „Betrachtung" herabgewürdigt wird. Und Authentizität wünscht er sich von den Verkündigern: „Darum ist das Predigen ein Wagnis; denn indem ich auf die heilige Kanzel steige (...): so habe ich einen Zuhörer mehr als sichtbar ist, Gott im Himmel, (...) Dieser Zuhörer hört genau hin, ob das, was ich sage, wahr ist, ob es in mir wahr ist. (...) Wahr sein, das heißt, dass er selbst das ist, was er verkündet, oder jedenfalls danach strebt, es zu sein, oder jedenfalls aufrichtig genug ist, sich selbst einzugestehen, dass er es nicht ist."

Überhaupt kritisiert Kierkegaard, dass man in der Christenheit den Ernst persönlicher Schuld und Sündhaftigkeit gemildert und abgeschafft habe durch die Lehre von der „allgemeinen Sünde" und den unendlichen qualitativen Unterschied zwischen Gott und Mensch nicht mehr (an)erkenne. Für ihn steht jedoch fest, dass der Zugang zum wahren Christentum (und damit zu Gottes Gnade) nur über das eigene Sündenbewusstsein führen kann: „(...) nur das Sündenbewusstsein (ist) der Zugang, die Anschauungsweise, die dadurch, dass sie der absolute Respekt ist, die Milde, die Liebe und die Barmherzigkeit des Christentums sehen kann".

Mehr und mehr ist Kierkegaard gegenüber der Kirche und ihren offiziellen Vertretern in eine Außenseiterposition geraten. Das lag natürlich auch an seinen fortdauernden, unnachgiebigen und immer schärfer werdenden Attacken gegen die dänische Staatskirche und ihre Repräsentanten. Zunehmend hatte aber auch er selbst sich zu einem Sonderling entwickelt, der gewissermaßen solitär sein Christsein lebte. Dennoch war er sich bis zuletzt sicher, mit seiner schonungslosen Kritik am bestehenden Christentum einem besonderen Auftrag, einer göttlichen Berufung nachzukommen.

Dass er selbst nicht vollkommen war, darüber war sich Kierkegaard nur zu sehr bewusst. Auch wenn er darauf bestand, „dass auf die ‚Nachfolge' gedrungen werden soll", so sollte „doch um alles in der Welt die Sache nicht so gewendet werden, als bleibe Christus nun bloß Vorbild, nicht Versöhner, als bedürfe es der Versöhnung nicht". Darin lag auch sein Trost für sein eigenes Sterben: „Nein, die Versöhnung und die Gnade bleiben das Entscheidende. Jedes Streben in Richtung auf Nachfolge wird, wenn nun der Augenblick gekommen ist, da der Tod es beendet, doch vor Gott Erbärmlichkeit sein: also sind da Gnade und Versöhnung nötig."

Sören Kierkegaard starb am 11.11.1855 im Alter von nur 42 Jahren.

Literatur- und Quellennachweis

Garff, Joakim: Sören Kierkegaard. München 2004
Kierkegaard, Sören: Einübung im Christentum und anderes. München 1977 (dtv)
Kierkegaard, Sören: Entweder - Oder. Teil I und II. München 2014 (12. Aufl.) (dtv)
Kierkegaard, Sören: Die Tagebücher. Eine Auswahl. Hrsg. von Hayo Gerdes. Düsseldorf/Köln 1980
Nettling, Astrid: Die Wahrheit Gottes stellt keine Vernunftwahrheit dar. Sören Kierkegaard und das Paradox des Glaubens. Beitrag im DLF am 22. u. 23.8.2012 (Tag für Tag) – www.deutschlandfunk.de/die-wahrheit-gottes-stellt-keine-vernunftwahrheit-dar
Nigg, Walter: Religiöse Denker, Zürich 1948
Rohde, Peter P.: Kierkegaard. Hamburg 1977 (64.-68. Tsd.)
Schwede, Alfred: Die Kierkegaards. Berlin 1988

C. S. Lewis:
Von Gott schachmatt gesetzt

Besonders im englischsprachigen Raum gilt C. S. Lewis als einer der bedeutendsten Schriftsteller und Essayisten des 20. Jahrhunderts. Spätestens mit der Verfilmung seines Fantasy-Klassikers *Die Chroniken von Narnia* im Jahr 2005 wurde er auch in Deutschland einem breiten Publikum bekannt. In der christlichen Szene hingegen war er schon längst durch Bücher wie *Dienstanweisung an einen Unterteufel* oder *Pardon, ich bin Christ* ein Begriff gewesen.

Geboren ist Clive Staples Lewis – auf seinen eigenen Wunsch schon früh Jack genannt – am 29. November 1898 in Belfast, wo sein Vater als Anwalt tätig war. Der Junge ist noch nicht einmal acht Jahre alt, da widerfährt ihm ein merkwürdiges Erlebnis: Es ist ein Sommertag. Jack steht im großen Garten neben einem blühenden Johannisbeerbusch. Plötzlich überfällt ihn – „ohne Vorwarnung, und als käme sie aus einer Tiefe nicht von Jahren, sondern von Jahrhunderten" – die Erinnerung an einen Morgen, an dem sein Bruder ihm seinen „Spielzeuggarten", einen mit Moos, Zweigen und Blüten bedeckten Deckel einer Keksdose, zeigte und ihm damals zum ersten Mal die Schönheit der Natur bewusst geworden war. Dieses Gefühl bzw. die Erinnerung daran, hatte ihn jetzt neu ergriffen, intensiver noch als damals. „Es ist schwer", bemerkt Lewis in seiner Autobiographie *Überrascht von Freude*, „Worte zu finden, die stark genug sind, um das Gefühl wiederzugeben. (...) Es war ein Gefühl der Sehnsucht, aber Sehnsucht wonach? Bestimmt nicht nach dem mit Moos gefüllten Deckel einer Keksdose. (...) Und ehe ich wusste, was ich begehrte, war das Begehren vergangen, das ganze Leuchten erloschen, die Welt war wieder alltäglich oder nur aufgerührt durch ein Sehnen nach der Sehnsucht, die gerade vergangen war." In seinem weiteren Leben sollte Lewis noch mehrere Male von ähnlich intensiven „Sehnsuchtserlebnissen" überrascht werden. Sie waren in den kurzen Momenten, in denen sie ihn erreichten, stets mit dem Gefühl einer nur schwer definierbaren Freude verbunden. Oft wurden sie durch eine ganz bestimmte Passage in einem Buch oder Gedicht, manchmal auch durch ein Naturerlebnis ausgelöst.

1911 kommt Jack ins Internat der Cherbourg School in Malvern, südwestlich von Birmingham gelegen. Im Verlauf der Schulzeit verliert er seinen Kinderglauben. Stattdessen überwältigt ihn die Mythologie der nordischen Epen.

Ende 1916 besteht Lewis die Stipendiatsprüfung für das University College Oxford. Zu diesem Zeitpunkt tobt schon seit über zwei Jahren der Erste Weltkrieg. Bereits wenige Tage nach Beginn seines Studiums im April 1917 wird Lewis zur militärischen Grundausbildung eingezogen und im Herbst desselben Jahres nach Frankreich an die Front bei Arras geschickt. Am 14. April 1918 explodiert nur wenige Meter neben ihm eine Granate. Sie zerfetzt einen zwischen ihm und dem Granateneinschlag stehenden Kameraden. Dadurch entkommt Lewis selbst dem sicheren Tod, wird aber von drei Granatsplittern getroffen.

Anfang 1919 nimmt Lewis sein Studium in Oxford wieder auf. Seine Abschlussexamina in Altphilologie und Philosophie sowie in englischer Sprache und Literatur legt er wenige Jahre später mit Bestnoten ab. Im Frühjahr 1925 erhält er eine Dozentenstelle für englische Sprache und Literatur am Magdalen College in Oxford.

Schon früh hatte sich Lewis bereits für einen ausgemachten Atheisten gehalten. Und doch setzen verschiedene Erlebnisse und Begegnungen mit ganz bestimmten Menschen und Büchern mehr und mehr seinem atheistisch-materialistischen Weltbild zu. Rückblickend kam es ihm vor, als habe Gott selbst ihn mit geschickten, immer weniger parierbaren Zügen in die Enge getrieben und schließlich schachmatt gesetzt. Dieser Prozess sollte sich über viele Jahre hinziehen. Begonnen hatte er wohl bereits in den letzten Kriegsjahren und dann verstärkt seit der Aufnahme seines Studiums 1919 in Oxford.

Lewis hatte inzwischen erkennen müssen, dass seine bisherigen Erfahrungen der Freude sich nicht willentlich wiederholen und zurückrufen ließen. Was für ihn ein quälendes, weil vergebliches Mühen, und eine permanente Sehnsucht nach dem Sehnsuchtserlebnis zur Folge hatte. Eine Zeit lang schien Lewis sogar an Magie und Spiritismus als Mittel und Wege zur Erlangung jener Erlebnisse gedacht zu haben. Doch verwarf er schließlich diese Vorstellung und erkannte sie als Schimäre und gefährlichen Irrweg an. Aufgeschreckt durch ein sich über viele Tage und Nächte hinziehendes Erlebnis mit einem Freund, der sich mit Theosophie, Yoga und Spiritismus eingelassen hatte und jetzt dem Wahnsinn verfallen war und in seinen Anfällen „um sich trat, sich auf dem Fußboden wälzte und schrie, die Teufel zerrten an ihm und er werde gleich in die Hölle fahren", will Lewis hinfort sich nur noch an Fakten halten und allen „romantischen Sehnsüchten und überirdischen Spekulationen" absagen.

Doch seine neue Anschauung, dass die von der Mehrheit der Wissenschaftler vertretenen Erkenntnisse der Gegenwart die richtigen und wahren seien, diese Anschauung wird ihm schon recht bald von einem seiner besten Freunde, dem späteren Dichter und Philosophen Owen Barfield, in Frage gestellt. Er machte ihm deutlich, „dass unsere Zeit ebenso eine Periode ist und wie alle Perioden bestimmt ihre typischen Illusionen hat. Am wahrscheinlichsten lauern sie in jenen weitverbreiteten Postulaten, die so tief in unserer Zeit verwurzelt sind, dass niemand wagt, sie anzugreifen."

Barfield relativiert jedoch nicht nur die mit dem Anspruch auf Wahrheit und vorurteilsfreier Wissenschaftlichkeit vertretenen Ansichten des modernen Zeitgeistes, er weiß auch Lewis' rein diesseitige, „realistische" Weltsicht, die keinen Raum für eine geistige, transzendente Wirklichkeit hat, geschickt in Zweifel zu ziehen. „Barfield überzeugte mich", berichtet Lewis weiter, „dass die Positionen, die wir bis dahin eingenommen hatten, keinen Raum für eine befriedigende Erkenntnistheorie ließen. (...) Wir behaupteten, dass abstraktes Denken (wenn es logischen Gesetzen gehorchte) zu einer unbestreitbaren Wahrheit führte, dass unser moralisches Urteil wohlbegründet und unser ästhetisches Erleben nicht nur angenehm, sondern wertvoll war." Diese Anschauung aber, so argumentierte Barfield, sei widersprüchlich. Denn „wenn das Denken ein rein subjektiver Vorgang wäre", könne es auch keine unbestreitbare Wahrheit und keinen allgemein gültigen moralischen Maßstab geben. Es sei denn, man gebe zu, „dass das ganze Universum letztlich geistig war; dass unsere Logik an einem kosmischen Logos" teilhabe.

Immerhin ist Lewis nun bereit, so etwas wie einen „absoluten Geist" anzuerkennen. Doch mit diesem ist für ihn noch keine göttliche Person verbunden. Daher spricht er auch viel lieber von dem „Absoluten", an das er nun glaubt. Ein solch unverbindlicher, numinoser Glaube hatte den Vorteil, dass das Objekt des Glaubens infolge seiner Unpersönlichkeit einem nie zu persönlich werden konnte. „Es war", wie Lewis eingesteht, „eine Religion, die nichts kostete. Wir konnten religiös über das Absolute sprechen; doch es bestand nicht die Gefahr, dass es uns etwas antat. (...) Es würde nie ‚hierher' kommen, nie, um es krass zu sagen, zur Last werden."

Wenig später lernt Lewis den Studienkollegen Nevill Coghill kennen, dessen Scharfsinn und ganzes Wesen ihn sofort tief beeindrucken. „Zu meinem Entsetzen", schreibt er in seiner Autobiographie, „entdeckte ich bald, dass er, der bei weitem Intelligenteste und Bestinformierte der Klasse, Christ war und durch und durch ein

Offenbarungsgläubiger." Dieser Coghill ist „anders" als die übrigen Kommilitonen. Lewis spürt, dass er irgendetwas zu haben scheint, was ihm selbst offensichtlich fehlt. Schon bald schließt er mit ihm Freundschaft.

Doch es ist nicht nur Coghill selbst, der Lewis' Vorurteil in Frage stellt, dass ein überzeugter Christ fast zwangsläufig ein geistig beschränkter Mensch sein müsse. Ihm wird – fast gegen seinen Willen – auch noch bewusst, dass eigentlich bei allen Büchern, die ihm viel bedeuteten, die Verfasser – wie etwa Chesterton, MacDonald oder Milton – in aller Regel Christen waren! „Selbst bei früheren Autoren", so Lewis, „fand ich das gleiche Paradox. Die religiösesten (Plato, Aischylos, Vergil) waren jene, die mir viel gaben. Andererseits wirkten alle jene Schriftsteller, die nicht an Religion litten und denen theoretisch meine ganze Sympathie hätte gelten müssen, ein wenig ‚dünn'. (...) Es schien keine Tiefe in ihnen zu sein."

Mehr und mehr sieht Lewis aber auch seinen Glauben an den Idealismus und das „Absolute" in Frage gestellt. Sein Dilemma war, dass er sich bei ehrlicher, schonungsloser Selbstprüfung eingestehen musste, dass zwischen den vernünftigen sittlichen Forderungen eines „Weltgeistes" einerseits und seinem eigenen, tatsächlichen Tun andererseits eine Kluft und eine Disharmonie bestand. Er entdeckt in sich „einen Zoo der Lüste, ein Tollhaus der Ambitionen, ein Kinderzimmer der Ängste, einen Harem des getätschelten Hasses". Bei der Bewusstwerdung eigenen Versagens ahnt er, dass er es nicht mehr länger mit einem unpersönlichen Prinzip, über das sich trefflich philosophieren lässt, zu tun hat, sondern mit einem personhaften höheren Wesen, dem es sich zu verantworten gilt.

Lewis ist zutiefst erschrocken. Er fühlt seine Autonomie bedroht. Denn das spürt er nur zu genau: „Was ein Ideal gewesen war, wurde jetzt zu einem Befehl." Er spürt nun beständig „das stete unerbittliche Nahen dessen, dem nicht zu begegnen ich so ernstlich gewünscht hatte". Endlich ist er bereit, vor Gott zu kapitulieren. Wohl ist Lewis dabei durchaus nicht. „Das, was ich so sehr gefürchtet hatte", bekennt er, „war schließlich über mich gekommen. Im Sommersemester 1929 gab ich nach, gab zu, dass Gott Gott war, und kniete und betete; vielleicht in jener Nacht der verworfenste und widerwilligste Bekehrte in England."

Aber Lewis ist noch kein Christ. Er ist bislang lediglich zu einem Theisten, einem Gott-Gläubigen, bekehrt worden. Doch der Prozess seines Christwerdens geht weiter.

Schon vor seiner Bekehrung hatte Lewis' bisheriges Bibelverständnis ausgerechnet durch einen der „hartgesottensten Atheisten", den er je kannte, eine nicht geringe Erschütterung erfahren. Der hatte nämlich bei einem Kamingespräch die nachdenkliche Bemerkung fallen lassen, „dass der Beweis für die Historizität der Evangelien wirklich überraschend triftig sei". Und bald kann sich auch Lewis selbst, der als Wissenschaftler von Sprachen und Literarkritik mittlerweile etwas versteht, immer weniger der Beobachtung verschließen, dass die Sprache der Evangelien von anderer Art ist als die Sprache von Mythen. Und dass – bei unvoreingenommener Betrachtung – die Verfasser der Evangelien das, was sie bezeugten, ganz offensichtlich als faktisch geschehene Ereignisse ansahen und entsprechend auch verstanden wissen wollten.

Schließlich beginnt Lewis – gerade auch nach Gesprächen mit seinem Freund J. R. R. Tolkien – zu akzeptieren, dass zwar in den verschiedenartigen Mythologien der Menschheit manche Motive des Christentums enthalten und verschiedene Analogien zu ihm feststellbar sind, dass aber nur einmal, nur an einer Stelle der Mythos Wirklichkeit geworden ist, nämlich bei der Menschwerdung, dem Sterben und der Auferstehung Christi, des Sohnes Gottes. So dass die außerbiblischen Mythen lediglich (Vor-)Ahnungen wiedergeben von einer zukünftigen und dann in Christus erfolgten göttlichen Inkarnation auf Erden und damit von einem realen Heilsgeschehen Gottes mit den Menschen. Diese Sichtweise wird schon bald für Lewis zu einer Gewissheit. Er selbst schreibt über dieses an einem Septembertag des Jahres 1931 so unspektakulär eingetretene Ereignis einfach: „An einem sonnigen Morgen wurde ich nach Whipsnade gefahren. Als wir abfuhren, glaubte ich nicht, dass Jesus Christus Gottes Sohn ist, und als wir den Zoo erreichten, glaubte ich es. Aber ich hatte während der ganzen Fahrt nicht nachgedacht, noch war ich in starker Erregung gewesen. (...) Es war mehr, wie wenn ein Mensch, der nach langem Schlaf noch reglos im Bett liegt, merkt, dass er wach ist."

Schon seit längerem war es Lewis immer klarer geworden, dass die auslösenden Umstände seiner verschiedentlichen „Sehnsuchtsfreuden" nie der eigentliche Grund und das eigentliche Ziel der Freude und des Sehnens gewesen waren, sondern anscheinend nur Hinweise, Zeichen und eine Art von Stellvertretung oder Ersatz für etwas ganz anderes, viel Größeres darstellten. Aber er vermochte nie dahinter zu kommen, was dieses Andere, was das eigentlich Begehrenswerte, das außerhalb von ihm lag, war. Als er nun zum Glauben an Jesus Christus gekommen war, hatte er damit auch die Quelle der Freude, die von Gott herkommt und zu ihm zurückführt, gefunden. Damit hatte er aber nicht nur die Ursache der Sehnsucht gefunden, sondern auch die Gewissheit ihrer zukünftigen vollen Erfüllung bei Gott.

C. S. Lewis hat nicht nur von der Fachwelt anerkannte literaturwissenschaftliche Werke verfasst, sondern auch zahlreiche christliche Essays und christlich-apologetische Bücher sowie vielgelesene Sciencefiction- und Fantasy-Romane geschrieben. Besondere Popularität erreichte die Planeten-Trilogie *Perelandra* und natürlich das sieben Bände umfassende *Narnia*-Epos. In ihnen sind viele christliche Bezüge und kunstvoll verschlüsselte Anspielungen auf zentrale christliche Themen enthalten.

Im April 1956 hatte der eingefleischte Junggeselle C. S. Lewis die amerikanische Schriftstellerin Joy Davidman geheiratet. Sie stirbt bereits im Juli 1960 an einer heimtückischen Krebserkrankung. Der Verlust Joys traf Lewis bis ins Mark. Da hatte er im Herbst seines Lebens doch noch – verdichtet in einem kurzen Zeitraum von vier Jahren – die Liebe und Ergänzung seines Lebens gefunden. Ein nie erhofftes Glück. Und nun war schon wieder alles vorüber. Hinzu kamen die schweren Krankheits- und Leidensabschnitte, die in dieser Zeit seine Frau durchleben musste, und die für ihn selbst kaum weniger schlimm zu ertragen waren und alle seine Kräfte aufs Äußerste beansprucht hatten. Lewis gerät in eine schwere Depression. Sie greift auch seine bisherigen Glaubenskräfte und -gewissheiten an. Doch schließlich verebbt der Sturm der bohrenden Anfechtungen und Fragen, und auch der Schmerz verliert seine Allgegenwart, seine ärgste Pein. „Man steigt hinab und hinab und hinab. Dann, wie bei Dante, wenn man die tiefste Stelle erreicht und an Luzifers Taille vorbeikommt, steigt man hinauf zur Verteidigung der Güte Gottes“, hat später Lewis gegenüber seinem Biografen Walter Hooper geäußert.

Mit Lewis´ Gesundheit geht es nach dem Verlust seiner Frau schnell bergab. Ein schweres Nieren- und Herzleiden setzt ihm zunehmend zu. Bis ihn dann am 22. November desselben Jahres ganz plötzlich der Tod ereilt.

Literatur- und Quellennachweis

Arnott, Anne: Das geheimnisvolle Land des C. S. Lewis. Eine Biographie, Moers 1998
Coren, Michael: C. S. Lewis - der Mann, der Narnia schuf, Wuppertal 1998

Freund, Wieland: Mission eines Phantasten (*Die Welt* v. 5.12.05)
Lewis, C. S.: Pardon, ich bin Christ. Meine Argumente für den Glauben, Basel/Gießen 1990 (8. Aufl.)
Lewis, C. S.: Überrascht von Freude. Biographie der frühen Jahre, Wuppertal 1982 (2. Aufl.)
Platzeck, Wolfgang: Die Welt dahinter (*WAZ* v. 3.12.05)
Rendell, Christian: Von Belfast nach Narnia. Das Leben von C. S. Lewis,Basel/Gießen 2006
Sibley, Brian: Späte Liebe. C. S. Lewis und Joy Davidman, Basel 1998 (2. Aufl.)
Steinacker, Hans: C. S. Lewis. Leben und Werk, Holzgerlingen 1999
Steinacker, Hans: Pubs, Professoren und Poeten. Auf den
Spuren von C. S. Lewis und J. R. R. Tolkien (*ideaSpezial* 1/2005)

**Alexander Solschenizyn:
„Lebt nicht mit der Lüge!"**

In dem nordkaukasischen Kurort Kislowodsk, ungefähr in der Mitte zwischen dem Schwarzen und dem Kaspischen Meer gelegen, ist Alexander Isajewitsch Solschenizyn am 11. Dezember 1918 geboren worden. Sein Vater, Isaj Solschenizyn, muss ein idealistisch veranlagter Mensch gewesen sein, der den Lehren Tolstois zuneigte. Einmal hatte er sogar den berühmten russischen Dichter, der zu Lebzeiten schon eine Legende war, persönlich aufgesucht. Als der Erste Weltkrieg (1914-1918) ausbrach, studierte Isaj Solschenizyn gerade an der Universität in Moskau Philologie. Doch entgegen der pazifistischen Lehre seines Idols Tolstoi meldete er sich als Kriegsfreiwilliger. In seinem opferbereiten Patriotismus wollte er sein geliebtes Vaterland in der Stunde seiner Bedrohung nicht im Stich lassen. Noch während des Krieges ließ er sich 1917 mit Taisja Schtscherbak trauen. Doch bevor diese ihren gemeinsamen Sohn zur Welt bringt, stirbt ihr Mann. Vermutlich an den Folgen eines Unfalls. Alexander Solschenizyn hat somit seinen Vater nie kennengelernt.

Die Eltern von Taisja waren wohlhabende Gutsbesitzer. Doch nach der Oktoberrevolution im Jahre 1917 und dem Zerfall des Zarenreiches werden sie von den Bolschewisten, die jetzt die Macht in ihren Händen halten und das Land unter der Führung Lenins in einen kommunistischen Musterstaat transformieren wollen, enteignet. Und auch Taisja Solschenizyn verarmt. 1924 sieht sie sich genötigt, Kislowodsk zu verlassen und mit ihrem sechsjährigen Sohn in die Industriemetropole Rostow am Don überzusiedeln. Hier wohnt sie mit ihm zusammen in einer armseligen Baracke. Was sie als Stenotypistin verdient, reicht kaum zum Überleben. Außerdem kränkelt sie. Ihr begabter Sohn hat in der Schule keine Probleme. 1936 schließt er erfolgreich die Höhere Schule ab.

Am liebsten würde der junge Solschenizyn Literatur studieren. Doch das ist in Rostow nicht so ohne weiteres möglich. Da er jedoch „beachtliche Fähigkeiten" auf dem Gebiet der Mathematik hat, beginnt er ein Studium an der Physikalisch-Mathematischen Fakultät der Rostower Universität. Diese Entscheidung sollte sich im Nachhinein als ein Segen erweisen, da ihm die Mathematik in den Jahren, als er zu Unrecht inhaftiert und verbannt worden war, nach seinen eigenen Worten zweimal das Leben gerettet hat: „Wahrscheinlich hätte ich die acht Jahre Lager nicht überlebt, hätte man mich nicht als Mathematiker auf vier Jahre in eine sogenannte

‚Scharaschka' (ein Sondergefängnis für Naturwissenschaftler; M.H.) überstellt; auch in der Verbannung gestattete man mir, Mathematik und Physik zu unterrichten, was mir das Leben erleichterte und mir die Möglichkeit gab, mich schriftstellerisch zu betätigen. Hätte ich Literatur studiert – ich hätte die mir auferlegten Prüfungen kaum heil überstanden."[1]

1940 heiratet der Student die Biochemikerin Natalja Reschetowskaja. Das Studium selbst schließt er im Juni 1941 erfolgreich ab. Kurz darauf wird er nach dem unerwarteten Einfall der deutschen Truppen in sein Land zur Roten Armee einberufen. An der Kriegsfront an der Grenze zu Ostpreußen versieht er seinen Dienst als Hauptmann und Batteriechef einer Artillerieeinheit bis Februar 1945. Da wird er plötzlich von Mitgliedern des gefürchteten Geheimdienstes NKWD verhaftet und degradiert. Ein Sondertribunal verurteilt ihn zu acht Jahren Lagerhaft, weil er sich in Briefen an einen Freund abfällig über Stalin geäußert habe. Dabei ist der Verurteilte zu diesem Zeitpunkt noch überzeugter Kommunist. Besonders Lenin verehrt er.

Das willkürliche Urteil des Sondertribunals beim NKWD führt dazu, dass Solschenizyn in ein Arbeitslager vor den Toren Moskaus gesteckt wird, wo er schwerste körperliche Arbeit verrichten muss. Bereits nach wenigen Monaten wird er jedoch einer am Moskauer Stadtrand gelegenen Scharaschka zugewiesen (siehe oben). Zusammen mit anderen inhaftierten Wissenschaftlern muss er hier an geheimen staatlichen Forschungsaufträgen mitarbeiten. Der von den unmenschlichen Lagerbedingen ausgemergelte Solschenizyn kann aufatmen. Denn verglichen mit den üblichen Lagerverhältnissen lässt sich in der Scharaschka doch relativ gut (über)leben. Unter den Wissenschaftlern, mit denen er hier zusammenarbeitet, sind zwei Personen, die ihn besonders stark beeindrucken. Sie haben Lagerjahre von unsäglicher Pein hinter sich und sitzen ebenso unschuldig ein wie er selbst: Der eine, Dimitri Panin, ist ein hochbegabter Ingenieur, der nichts von der bolschewistischen Revolution hält, dafür aber ein umso glühenderer Christ ist. Bei dem anderen handelt es sich um den exzellenten jüdischen Sprachwissenschaftler Lew Kopelew, ein zum damaligen Zeitpunkt noch überzeugter Kommunist und Atheist. Immer wieder streiten diese beiden Männer heftig miteinander über ihre ungleichen Ansichten, was ihrer Freundschaft jedoch keinen Abbruch tut. Solschenizyn fühlt sich zu Panin wie auch zu Kopelew hingezogen und freundet sich mit ihnen an.

Vier Jahre genießt Solschenizyn die Privilegien eines Scharaschka-Häftlings. Dann jedoch wird er 1950 in ein Gefangenenlager in Ekibastus geschickt, das in der Steppenlandschaft Kasachstans liegt. Hier herrscht ein mörderisches Klima: eisigkalt sind die Winter mit ihren heftigen Schneestürmen, während die Sommer unerträglich heiß und trocken sind. Solschenizyn muss Steine klopfen und Metall gießen. Während seines Aufenthaltes in Ekibastus bricht bei ihm ein schweres Krebsleiden aus. Die Geschwulst wird zwar operiert, doch kann, wie sich schon bald zeigen sollte, von einer Ausheilung nicht die Rede sein.

Solschenizyn wird Anfang März 1953 endlich aus dem Lager entlassen. Doch seine neue Freiheit ist lokal eingeschränkt. Denn er wird „zur ewigen Verbannung" – wie es amtlich heißt – in die kleine kasachische Ortschaft Kok-Terek verschickt, die abgelegen am Rande einer Wüste liegt. An der Dorfschule unterrichtet er Mathematik und Physik. Zugleich verfasst er heimlich eigene Prosawerke. Doch erneut setzt ihm sein Krebsleiden zu. In einer Krebsklinik in Taschkent kann man den Todkranken schließlich heilen. Für seine Genesung ist er nicht zuletzt Gott dankbar. Denn der Ex-Leninist und Ex-Atheist Solschenizyn hatte sich in den Jahren seiner Haft nicht nur vom Marxismus gelöst, er war inzwischen auch Christ geworden. Diesen Prozess hat er selbst später in einem „Spiegel"-Interview so beschrieben: „In meiner Kindheit ist mir das orthodoxe Christentum in seiner schlichten volkhaften Form vermittelt und von mir auch aufgenommen worden. Meine Großmutter und mein Großvater waren einfache Leute. Diese Volksfrömmigkeit wurde in der sowjetischen Schule rigoros verfolgt und unterdrückt. Es war für mich sehr schwer, diesem Druck zu widerstehen. Ich will mit Nachdruck wiederholen, in meiner Kindheit war mein Glaube so, wie das einfache Volk glaubt. Später dann, im Zuge des sowjetischen Lebens, bin ich unter den sehr starken Einfluss des Marxismus gekommen, mit dem man uns auf der Universität indoktriniert hat. So bin ich vom Glauben abgekommen. Im Lager war ich dann eine gewisse Zeit Agnostiker (...) Aber gegen Ende meiner Lagerzeit und vor allen Dingen, als ich an Krebs erkrankte und vom Krebs wieder genas, habe ich zum Glauben zurückgefunden."

Im *Archipel Gulag* hat Solschenizyn in Verse gefasst, wie sein einstiger Kinderglaube vom Atheismus seiner Jugend abgelöst wurde – und wie er dann später im Lager wieder zum Glauben zurückgefunden hat. Er verfasste die Verse Anfang der fünfziger Jahre, als er sich im Lagerkrankenhaus einer Krebsoperation unterziehen musste. „In jenem Krankenhaus (...)", so schreibt er, „lag ich viele Wochen immer allein. In schlaflosen Nächten ließ ich mein Leben an mir vorüberziehen und staunte über seine Wendungen." In den drei letzten Versen seines Gedichtes heißt es:

„Nach Jahren zwischen Sein und Nichtsein,
Zwischen Sturz und rettendem Halt,
Blicke ich jetzt in dankbarem Schauder
Auf mein vergangenes Leben zurück.

Nicht mein Wille, nicht mein Geist
Haben seine Pfade erhellt –
Des Höchsten Sinnes mildes Licht,
Das sich erst später mir offenbart.

Und nun, da ich lebendiges Wasser
Geschöpft mit neugewonnenem Maß,
Gott des Weltalls! Ich glaube von neuem!
Denn auch in der Irre warst Du bei mir ..."

Außerdem bekennt Solschenizyn im *Archipel Gulag*: „Zurückblickend erkenne ich, dass ich mein ganzes bewusstes Leben lang weder mich selbst noch mein Streben verstanden habe. Mir schien immer das heilbringend, was für mich verderblich war, und immer strebte ich gegen die Richtung, in die ich geführt wurde. Doch wie der ungeübte Schwimmer von den Brandungswellen mitgerissen und ans Ufer zurückgetragen wird, so wurde ich von den Schicksalsschlägen immer wieder schmerzhaft auf festen Grund zurückgeworfen. Und so konnte ich den Weg gehen, den ich immer gehen wollte."

Und auch diese Erkenntnis gewann Solschenizyn durch die Gefängnisjahre: „Im Rausch der frühen Jahre war ich unfehlbar und grausam. (...) Auf dem verfaulten Gefängnisstroh habe ich die erste Regung des Guten gespürt. Allmählich wurde mir offenbar, dass die Linie, die Gut und Böse trennt, nicht zwischen Staaten, nicht zwischen Klassen und nicht zwischen Parteien verläuft, sondern quer durch jedes Menschenherz. (...) Selbst in einem vom Bösen besetzten Herzen hält sich ein Brückenkopf des Guten. Selbst im gütigsten Herzen – ein uneinnehmbarer Schlupfwinkel des Bösen. (...) Damals erkannte ich den Trug aller Revolutionen der Geschichte: Sie vernichten bloß die jeweiligen *Träger* des Bösen (und da sie in der Eile nicht unterscheiden, auch die Träger des Guten), während sie das Böse, noch dazu vermehrt, als Erbe übernehmen."

Solschenizyns Verbannung sollte doch nicht „ewig" wären. Nachdem bereits 1953 der Diktator Stalin gestorben war, rechnete 1956 der neue Parteivorsitzende Nikita Chruschtschow auf dem XX. Parteitag der KPdSU mit dem Personenkult und dem Terrorregime Stalins ab. Schon bald werden Zehntausende unschuldig Inhaftierter und Verbannter in die Freiheit entlassen. Unter ihnen ist auch Solschenizyn. In der Großstadt Rjasan nimmt er seinen künftigen Wohnsitz. 1961 wagt er es, sein bisher geheim gehaltenes Manuskript *Ein Tag im Leben des Iwan Denissowitsch* dem Chefredakteur der Literaturzeitschrift „Nowy Mir", Alexander Twardowski, vorzustellen. In dem inzwischen weltberühmten Roman schildert der Autor auf höchst realistische und eindringliche Weise den ganz „normalen" Lageralltag eines einfachen Häftlings. Es zeigt sich, dass Solschenizyn ein ideales Zeitfenster ausgenutzt hatte. Nicht nur Twardowski ist von seinem Werk begeistert, sondern kein Geringerer als Chruschtschow, der seit 1958 auch Ministerpräsident des Landes ist, setzt sich nach der Lektüre für den Druck seines Manuskripts ein!

Das publizierte Werk wird im Land begeistert gelesen und sein Autor umgehend in den Schriftstellerverband aufgenommen. Doch dann wendet sich spätestens mit Chruschtschows Sturz im Oktober 1964 das Blatt. Solschenizyn, der sich inzwischen ganz der Schriftstellerei widmet, bekommt immer größeren Gegenwind zu spüren. Man weiß ja, dass er nun einmal nicht parteikonform und im Sinne und Stil eines verlogenen „sozialistischen Realismus", der das Leben und den Alltag der Menschen im Sozialismus verklärt darstellt, schreiben kann noch will. Ende 1965 entwenden Männer des KGB ihm Werkmanuskripte und Teile seines Archivs. Immer gehässiger wird er in der Öffentlichkeit diskreditiert.[2]

Im Mai 1967 wendet sich Solschenizyn in einem Brief an die Leitung des Schriftstellerverbandes. Dabei dringt er nicht nur auf die Abschaffung der Zensur, sondern verlangt auch den Beistand des Verbandes gegenüber seinen Mitgliedern bei Verleumdung und Verfolgung. Sein flammendes Plädoyer schließt er mit den Worten: „Ich habe natürlich die ruhige Gewissheit, dass ich meine Aufgabe als Schriftsteller unter allen Umständen erfüllen werde, aus dem Grab sogar noch erfolgreicher und unumstrittener denn als Lebender. Niemand kann der Wahrheit die Wege versperren, und ich bin bereit, für den Fortgang der Wahrheit auch den Tod auf mich zu nehmen. (...)"

Das sind klare Worte eines in die Offensive gegangenen mutigen wie selbstbewussten Dichters! Gleichzeitig drückt sich in dem Schreiben ein klares Sendungsbewusstsein des Autors aus, der sich in seinem schriftstellerischen Schaffen und Einsatz nicht weniger als von Gott beauftragt und geführt sieht. In einem Gebet von ihm – vermutlich 1963 nach der erfolgreichen Veröffentlichung des *Iwan Denissowitsch* formuliert – heißt es: „Wie leicht ist mir, mit Dir zu leben, o Herr. Wie leicht ist mir, an Dich zu glauben! Wenn mein Verstand sich dem Zweifel öffnet oder kraftlos wird, wenn die Klügsten unter den Klugen nicht über den heutigen Abend hinaussehen (...), gibst Du mir Klarheit und Zuversicht, dass es Dich gibt und dass Du Sorge tragen wirst, dass nicht alle Wege des Guten verschlossen sein werden. Auf der Höhe meines irdischen Ruhmes blicke ich mit Verwunderung zurück, auf jenen Weg durch die Hoffnungslosigkeit – hierher, (...)"

Solschenizyns Schreiben an den Schriftstellerkongress wurde weder verlesen noch hielt man es für nötig, ihm zu antworten. Da von ihm im Inland keine neuen Werke mehr veröffentlicht werden, erscheinen seine Romane *Krebsstation* und *Der erste Kreis der Hölle* im westlichen Ausland. Solschenizyn weiß: Was dort von ihm gedruckt wird, hat auch Rückwirkung auf das eigene Land. Und dann wird ihm am 8. Oktober 1970 gar der Literaturnobelpreis verliehen! Das gibt ihm einen gewissen Schutz vor möglicher Verhaftung. Außerdem ist gerade Entspannungspolitik mit dem Westen angesagt. 1972 wird erneut ein Buch von Solschenizyn im Westen veröffentlicht: *August Vierzehn*. Es ist der erste Band einer geplanten Buchreihe, in der er nicht nur einzelne markante Ereignisse und Schlachtverläufe des Ersten Weltkrieges – soweit sie Russland betreffen – schildert, sondern auch den Hintergrund und die Entstehung der Russischen Revolution darstellen möchte.

Im September 1973 gelingt es dem KGB, das Versteck ausfindig zu machen, in dem Solschenizyn ein Manuskript seines umfangreichen Werkes *Archipel Gulag* verwahrt hatte. In ihm dokumentiert, beschreibt und erzählt der Autor, gestützt auf Berichte von Hunderten überlebender Augenzeugen, die Existenz und Funktionsweise jenes kommunistischen KZ-Systems, dessen Lager wie eine Insellandschaft – Krebsgeschwüren gleich – in dem ganzen Land eingebettet sind und dem „Gulag" (russ. Abkürzung für „Hauptverwaltung der Lager") unterstehen. Das System war von Lenin begonnen und dann unter Stalins Terrorherrschaft perfektioniert worden. Millionen von Gefangenen – unter ihnen zahlreiche Christen und politisch Andersdenkende, selbständige Bauern und überhaupt solche, die willkürlich als „Saboteure" bezeichnet oder zu „Volksfeinden“ erklärt wurden – sind in diesen Lagern, in denen sie schwerste Sklavenarbeit für den Aufbau der sowjetischen Wirtschaft leisten mussten, ums Leben gekommen. Ihrem Gedenken fühlt Solschenizyn sich als überlebender Insider verpflichtet. Ihre Stimme möchte er sein.

Zum Glück hatte er bereits den größten Teil des Buches in den Westen schmuggeln lassen. Jetzt veranlasst er den sofortigen Druck. Ein Desaster für den Geheimdienst, ein Desaster aber auch für die sowjetische Führung! Die will sich nun endgültig des verhassten Dissidenten entledigen und trifft eine finale Entscheidung. In einer dreisten Aktion des KGB wird Solschenizyn festgenommen, danach in ein Flugzeug gesetzt und außer Landes geflogen.

Solschenizyn selbst hatte noch kurz vor seiner Festnahme einen von ihm verfassten Text zum Umlauf weitergegeben. Es ist ein Appell, den er mit der programmatischen Überschrift „Lebt nicht mit der Lüge!“ versehen hat. In ihm fordert er seine Landsleute auf, gegenüber Unrecht und Gewalt, Einschüchterung und Unterdrückung nicht zu resignieren. Als mögliche Alternative weist er sie darauf hin: „Gewalt kann sich hinter nichts anderem verbergen als hinter der Lüge, und die Lüge kann sich nur durch Gewalt halten (...) Und *hier* liegt der von uns vernachlässigte, einfachste und zugängigste Schlüssel zu unserer Befreiung: SELBST NICHT MITLÜGEN! Die Lüge mag alles überzogen haben, die Lüge mag alles beherrschen, doch im kleinsten Bereich werden wir uns dagegenstemmen: OHNE MEIN MITTUN!“

Auf dem Frankfurter Flughafen wird Solschenizyn dann mit Billigung des Bundeskanzlers Willy Brandt „ausgesetzt“. Nach einem kurzen Aufenthalt bei Heinrich Böll nimmt er vorübergehend in der Schweiz Asyl. Zu ihm stößt Ende März 1974 seine zweite Frau Natalja mit ihren gemeinsamen Kindern. Dann reist die Familie aus: in die Vereinigten Staaten. Solschenizyn hatte die attraktive, über 20 Jahre jüngere Natalja Swetlowa 1973 geheiratet, nachdem er sich ihretwegen 1970 von seiner ersten Frau Natalja Reschetowskaja hatte scheiden lassen. Später hat er einmal bekannt: „Natalja und ich hätten uns niemals getrennt, wären unsere letzten fünf Jahre nicht so furchtbar gewesen. (...) Ich weiß, dass es falsch ist, eine Frau in dem Alter zu verlassen. Ich weiß es. Es ist schrecklich, absolut schrecklich. Das ist eine Last, die man bis ans Ende seiner Tage nicht los wird. Nie wieder wird man ein reines Gewissen haben. Es bohrt ständig (...)“

In dem ländlich geprägten kleinen US-Bundesstaat Vermont, dessen Klima und Landschaft den Exilanten an Russland erinnert, lässt Solschenizyn sich nieder – hermetisch abgeschottet von der Außenwelt. Er ist total fokussiert auf seine weitere schriftstellerische Arbeit: auf die Zeit raubende Erstellung der Fortsetzungsbände von *August Vierzehn*! Und wie in seinem Heimatland, so bleibt Solschenizyn auch in den USA der unangepasste Einzelgänger, der er immer war. Er fühlt sich von Anfang an fremd in dem Land, das ihn aufgenommen hat. Der materialistische, konsumorientierte amerikanische Lebensstil gefällt ihm ganz und gar nicht. Und auch die Art von Demokratie, die er in seinem Exilland kennenlernt, missbehagt ihm irgendwie. Hingegen hatte ihm die „hocheffiziente" Tradition und Praxis der kantonalen Selbstverwaltung, die er in der Schweiz kennengelernt hatte, sehr zugesagt.

Dass er auch im Exil diffamiert und diskreditiert werden sollte, war für Solschenizyn eine herbe Enttäuschung. Seine Warnungen an den Westen, sich gegenüber dem sowjetischen kommunistischen System nicht zu blauäugig, nicht zu nachsichtig und nachgiebig zu verhalten, seine besonderen, patriotischen Vorstellungen von der Zukunft Russlands und überhaupt seine wertkonservativen Einstellungen, – das alles kommt in Teilen der russischen Emigrantenszene ebenso wenig an, wie bei der linksliberalen amerikanischen Presse. Und dann bekennt er sich auch noch zu seinem christlich-orthodoxen Glauben!

Was unterstellt man ihm nicht alles! Als Monarchist und Theokrat, als Totalitarist, Faschist und Nationalist, als Ayatollah gar wird er verschrien. Anscheinend ist jeder negativ besetzte Begriff recht, wenn er nur dazu dient, den unbequemen Mahner und Außenseiter verächtlich zu machen und sein Ansehen herabzuwürdigen. In seiner Autobiographie *Meine amerikanischen Jahre* stellt Solschenizyn bitter und ernüchtert fest: „Hätte ich je träumen können, dass ich, nachdem ich in das freie Amerika mit seiner florierenden, wie ich wähnte, Meinungsvielfalt gewirbelt worden war, ausgerechnet hier von stumpfsinnigen und undurchdringlichen Verleumdungen umgeben sein würde, die in nichts den sowjetischen nachstanden? Der sowjetischen Presse schenkte jedoch niemand Glauben, mit dieser aber war es anders. Und dabei unternahm kein westlicher Journalist und fast keiner der sogenannten Slawisten die ehrliche Mühe, in meinen Werken zu suchen, ob bei mir etwas Derartiges wirklich gesagt war, ob in den Vorwürfen überhaupt ein Körnchen Wahrheit enthalten war."

Was die Folgewirkung von Solschenizyns *Archipel Gulag* angeht, so war das Werk nicht nur „ein Meilenstein der literarischen Aufarbeitung sowjetischer Gewaltherrschaft“ (Volker Schütterle), sondern es hatte auch das Weltbild so mancher Linker im Westen erheblich durcheinandergebracht. Bislang hatten viele von ihnen die Terrorpraktiken im sowjetischen Kommunismus geleugnet, verharmlost oder verdrängt – nach dem Motto: Was nicht sein darf, kann nicht sein. So hatte etwa der französische Philosoph Sartre nach einem Besuch in der Sowjetunion 1954 erklärt: „Die Sowjetbürger kritisieren ihre Regierung viel häufiger und effektvoller, als wir es tun. In der UdSSR herrscht totale Kritikfreiheit.“ Und: „Wenn jemand mir noch einmal zu sagen versucht, dass in der Sowjetunion die Religion verfolgt oder verboten wird, schlage ich ihm die Fresse ein.“ Und sogar der ökumenische Weltkirchenrat hielt sich zu den Verfolgungswellen in der Sowjetunion auffallend bedeckt, obgleich davon auch viele Christen, Orthodoxe und Freikirchler, betroffen waren. Im Gegenteil: Man pflegte gute Beziehungen zur Führung der russisch-orthodoxen Kirche, obwohl diese ganz offensichtlich mit der Staatsmacht kooperierte. Jetzt aber ließ sich die unliebsame Wahrheit über den Staatsterror im sozialistischen „Musterstaat“ nicht mehr länger leugnen und als Übergangsepisode abtun. Entsetzt und voller Abscheu reagierten nun auch Links-Intellektuelle des Westens. Sogar in den großen kommunistischen Parteien Frankreichs und Italiens trat angesichts der systemimmanenten Unrechtstaten im „real existierenden Sozialismus“ des Ostens eine gewisse Ernüchterung ein.

Im Mai 1994 kehrte Solschenizyn in sein Heimatland zurück. Der Kommunismus hatte hier inzwischen abgedankt. Doch was jetzt an seiner statt in Russland Einzug gehalten hatte, entsprach nicht den Vorstellungen des prominenten Dichters. In die Hände von wenigen Wirtschaftsoligarchen war ungeheurer Reichtum gelangt. In der Gesellschaft machten sich mafiöse Strukturen breit. Westlicher Lebensstil breitete sich aus. Solschenizyn ist zutiefst enttäuscht.

Dabei hegte der Heimgekehrte für sein Land ganz eigene politische und gesellschaftliche Vorstellungen. Er war überzeugt, dass für „ein Land wie Russland, so riesig und geographisch so mannigfaltig, mit den unterschiedlichen Religionen und Nationalitäten, (...) eine starke Zentralmacht“ von Nöten sei. Eingeschränkt aber sollte diese Macht werden durch den Aufbau und die Existenz einer lebendigen lokalen Selbstverwaltung. „Das Wichtigste, was heute in Russland fehlt“, so seine Meinung, „ist eine aktive, echte Gemeinde, die an der Wurzel beginnt, ganz unten, die langsam nach oben wächst. Diese beiden Mächte (Zentralmacht und lokale Selbstverwaltung; M.H.) müssen sich wechselseitig kontrollieren, so dass wirklich das Volk Herr über das eigene Schicksal sein kann." Besondere Bedeutung legte er dabei auf Gemeindewahlen: „(...) Die Leute hier vor Ort, die kennt ihr doch. Wählt die Ehrlichen, die Selbstlosen, die Weisen und jene, die gegenüber der Obrigkeit Mut zeigen."

In einem „Spiegel"-Interview aus dem Jahr 2007 führte Solschenizyn aus: „Ich halte die Kluft zwischen Arm und Reich in Russland für eine gefahrvolle Entwicklung, die der Staat baldmöglichst unter Kontrolle bringen muss. (...) Der richtige Weg wäre, bessere Überlebensmöglichkeiten für kleine und mittelständische Unternehmen zu schaffen. Das würde auch bedeuten, dass jeder Bürger, der zugleich mittelständischer Unternehmer ist, vor Willkür und Korruption geschützt werden muss. Die Erträge aus der Ausbeutung der dem Volk gehörenden Bodenschätze müssen der Wirtschaft zugeführt und in Bildungs- und Gesundheitswesen umgesetzt werden. Auch da müssen wir lernen, Plünderung und Vergeudung auszuschließen."

Zum Kapitalismus vertrat Solschenizyn übrigens eine sehr differenzierte Ansicht, indem er meinte: „Das Streben, etwas zu produzieren und dabei auch Gewinne zu erzielen, steckt in der menschlichen Natur. Ihr läuft es aber zuwider, ausschließlich nach Gewinnen, nach Bereicherung zu trachten, egal auf welche Weise sie zustande kommen. Es muss eine moralische Grenze vorhanden sein. Ob wir uns daran halten, dafür trägt jeder von uns persönliche Verantwortung vor Gott." Und: „Durch menschliches Gewissen nicht gebändigt, von Gottes Atem unberührt, sind Kapitalismus und Sozialismus gleichermaßen widerlich. Jede Gesellschaftsstruktur muss der Selbstbeschränkung und dem Gewissen der Menschen unterliegen, einem Ehrgefühl, dem Anstand. Die moralischen Schranken stehen über jeder Gesellschaftsform."

Von Wladimir Putin, mit dem er verschiedentlich zusammengekommen war, hatte sich Solschenizyn allerdings zu viel versprochen und ihn offensichtlich auch zu naiv eingeschätzt. Immerhin aber veranlasste Putin schon bald nach Solschenizyns Tod (am 3.8.2008), den *Archipel Gulag* in einer von Solschenizyns Witwe gekürzten Ausgabe zur Pflichtlektüre an den Schulen zu machen.

Wer Solschenizyn als inzwischen obsolet ansehen und als Relikt einer vergangenen Zeit abtun möchte, der verkennt die bleibende Bedeutung und Aktualität seines Lebens und seiner Botschaft. (Ganz davon abgesehen, dass immer noch in viel zu vielen

Ländern Menschen um ihres Glaubens und ihrer politischen Einstellung willen verfolgt, eingekerkert und getötet werden.) Sein Appell, nicht mit der Lüge zu leben, gilt zu jeder Zeit und für jedermann. In einem Vortrag über Politik, Ethik und Fortschrittsglauben hatte Solschenizyn einmal ausgeführt: „Wir haben in uns die Harmonie verloren, aus der heraus wir geschaffen wurden, die Harmonie zwischen unserer geistigen und leiblichen Natur. Auch jene seelische Klarheit, in der die Begriffe Gut und Böse noch nicht verspottet und durch die zum Prinzip gewordene Halbherzigkeit ihres Sinnes beraubt wurden. (...) Wenn wir uns nicht dazu erziehen, unseren Wünschen und Bedürfnissen harte Grenzen zu setzen, unsere Interessen den Kriterien der Ethik unterzuordnen, wird es uns, wird es die Menschheit einfach zermalmen. (...) Es hilft uns auch, das Bewusstsein wiederzuerlangen, dass über uns der Eine, Allumfassende und Höchste ist – und ein ganz verlorenes Empfinden: die Demut vor IHM." Das sind auch heute noch bemerkenswerte Gedanken.

Anmerkungen

[1] Allerdings hatte Solschenizyn von 1939-1941 zusätzlich am Moskauer Institut für Geschichte, Philosophie und Literatur ein Fernstudium in Literatur aufgenommen.

[2] Noch 1967 hatte Solschenizyn auf einer Sitzung des Sekretariats des Schriftstellerverbandes geäußert: „Überhaupt liegt die Aufgabe eines Schriftstellers nicht darin, die eine oder andere Art der Verteilung des gesellschaftlichen Produkts, die eine oder andere Form einer staatlichen Struktur zu verteidigen oder zu kritisieren. Die Aufgabe des Schriftstellers betrifft inhaltlich und zeitlich umfassendere Fragen. Sie betrifft Geheimnisse des menschlichen Herzens und Gewissens, das Zusammentreffen von Leben und Tod, die Überwindung seelischen Schmerzes (...)".

Literatur- und Quellennachweis

Asadowski, Konstantin: Was macht Alexander Solschenizyn? www.cicero.de//welt-bühne/was-macht-alexander-solschenizyn/37907, (veröffentl.: 1.6.2004)
Bota, Alice: Stalin im Klassenzimmer. In: Die Zeit 49/2010
Delekat, Thomas: Eine übergroße Liebe. www.welt.de/print-welt/article239166/Eine-uebergrosse-Liebe.html (Veröffentl.: 7.6.2003)
Der Spiegel 44/1987, 218-251: „Man lügt über mich wie über einen Toten" (Interview)

Der Spiegel 44/1994, S. 136-139: „Ihm muss man zuhören"
Der Spiegel 44/1994, S. 139-163: „Wie ein Sekretär des Volkes" (Interview)
Der Spiegel 15/2000, S. 280f: „Rückkehr aus dem Fegefeuer"
Der Spiegel 30/2007, S. 96-102: „Mit Blut geschrieben" (Interview)
Dutli, Ralph: Volksfreund Russlands, Staatsfeind der Sowjets. In: FAZ v. 5.8.2008
N. N.: Er litt unter dem kirchlichen Schweigen zu den kommunistischen Verbrechen. In: ideaSpektrum 31/32/2008, 15
Ginsburg, Juri: Der umstrittene Patriarch. www.berliner-zeitung.de/archiv/alexander-solschenizyn.wird-85 (Veröffentl.: 6.12.2003)
Greiner, Ulrich: Der Entzauberer. In: „Die Zeit" v. 7.8.2008
Hartmann, Jens: Der letzte große Dissident. In: Die Welt v. 5.8.2008
Jerofejew, Viktor: Der Artillerieoffizier, der die Sowjetunion zerstörte. In: Die Welt v. 5.8.2008
Holm, Kerstin: Solschenizyn als Erzieher. In: FAZ v. 5.8.2008
Holm, Kerstin: Alexander Solschenizyn, der Putin-Versteher. www.faz.net/-gr2-7nvk5 (Veröffentl.: 30./31.3.2014)
Koenen, Gerd: Unbeugsam unbequem. In: Die Welt v. 5.8.2008
Neumann-Hoditz, Reinhold: Solschenizyn. Reinbek bei Hamburg 1974
Pross-Weerth, Heddy (Hrsg.): Das Rote Rad. Texte, Interviews, Reden. München/ Zürich 1986
Riese, Hans-Peter: Ein Tag im Februar 1974. In: FAZ v. 5.8.2008
Soibel, Dimitri: Der alte Bekannte aus der Hölle. www.spiegel.de/einestages/begegnung-mit-solschenizyn
Solschenizyn, Alexander: Das Rote Rad. Texte, Interviews, Reden. Hrsg. von Pross-Weert, Heddy. München 1986
Solschenizyn, Alexander: Der Archipel Gulag. Vom Verfasser autorisierte überarbeitete und gekürzte Ausgabe in einem Band. Frankfurt/M. 2018 (7. Aufl.)
Solschenizyn, Alexander: Der erste Kreis der Hölle. Stuttgart 1968
Solschenizyn, Alexander: Die Eiche und das Kalb. Skizzen aus dem literarischen Leben. Darmstadt 1975
Solschenizyn, Alexander: Kirche und Politik. Bericht/Dokument/Erzählung. Zürich 1973
Solschenizyn, Alexander: Meine amerikanischen Jahre. München 2007
Solschenizyn, Alexander: „Was geschieht mit der Seele während der Nacht?" München 2006

„Solschenizyns ‚Archipel Gulag' ist hochaktuell": www.welt.de/geschichte/article123330246/Solschenizyns-Archipel-Gulag (Veröffentl.: 27.12.2013; Zugriff 1.11.2018)
Straaten, Werenfried van: Solschenizyn der Gläubige. www.kirche-in-not.de/downloads/1973-solschenizyn-der-glaeubige.pdf (Veröffentl.: 3.8.2013. Der Artikel wurde erstmals veröffentl. 1973 in: „Echo der Liebe")
Thomas,Donald M.: Solschenizyn. Die Biographie. Berlin 1998
Quiring, Manfred: Russland reagiert gespalten auf Solschenizyns Tod. In: Die Welt v. 5.8.2008
Wietek, Hanns-Martin: Alexander Solschenizyn: „Nicht nach der Lüge leben". blog.zvab.com/2008/06/24/alexander-issajewitsch-solschenizyn-nicht-nach-der-luege-leben
Wietek, Hanns-Martin: Der unbekannte Solschenizyn. blog.zvab.com/2008/08/21/der-unbekannte-solschenizyn (Zugriff: 1.10.2018) Über den Blog kann man auch die vollständige Rede im pdf-Format einsehen. Wietek weist darauf hin, dass er seine Auszüge zitiert hat nach: Alexander Solschenizyn: Die russische Frage am Ende des 20. Jahrhunderts, Piper, 1994
Zekri, Sonja: Unverstanden in aller Größe. In: SZ v. 5.8.2008

Leo N. Tolstoi:
Zum Urchristentum bekehrt?

„Fünfundfünzig Jahre war ich alt geworden und hatte, von meiner Jugendzeit abgesehen, davon 35 Jahre als Nihilist im wahren Sinne des Wortes, d. h. nicht als Sozialist und Revolutionär, sondern als Nihilist im Sinne gleichen Mangels an Glauben, gelebt. Vor fünf Jahren erst fand ich den Glauben an die Lehre Christi und nunmehr veränderte sich mein Leben von Grund auf: Ich hörte auf zu wollen, was ich früher gewollt. Was mir früher gut erschienen war, dünkte mich jetzt schlecht, und was ich früher für schlecht angesehen, schien mir jetzt gut. Mir ging's wie einem Menschen, der geschäftshalber eine Reise unternimmt, dem plötzlich unterwegs das Zwecklose dieser Reise klar wird und der nun nach Hause zurückkehrt. (...) Ich gleiche dem Räuber am Kreuze; denn auch ich bin durch den Glauben an Christi Lehre erlöst worden. Der Vergleich mag nicht gut gewählt erscheinen, und dennoch spiegelt er am deutlichsten den verzweifelten Zustand des Schreckens vor dem Leben und Tode wider, in dem ich mich früher befand, und anderseits das Glück und den Frieden, die jetzt über mich gekommen."

Mit diesen Worten beschreibt Leo Tolstoi in *Mein Glaube* seine Bekehrung. Ohne diese Bekehrung wäre dieser einem Dostojewski ebenbürtige große russische Dichter (*Krieg und Frieden*, *Anna Karenina*, *Kreutzersonate*) wohl kaum zu dem „Gewissen" und der moralischen Autorität seiner Zeit geworden – in jener Epoche, die sich von den letzten Jahrzehnten des 19. Jahrhunderts bis hinein in die ersten Jahre des 20. Jahrhunderts erstreckte. Da Tolstois Bekehrung sich jedoch außerhalb der Kirche abspielte, ja, sogar zur Exkommunikation aus der Orthodoxen Kirche seines Landes führen sollte, und da es im Gefolge seiner Bekehrung überdies zu einer Entfremdung gegenüber seiner eigenen Frau und zu einem tragischen Zerbrechen ihrer jahrzehntelangen Ehe kommen sollte, aus der er schließlich in seinen letzten Lebenstagen als über Achtzigjähriger regelrecht floh, gilt es, die so ganz besondere Art und Weise der Tolstoischen Bekehrung näher zu untersuchen.

Lew (Leo) Nikolajewitsch Tolstoi wurde am 28. August 1828 in dem Herrenhaus von Jasnaja Poljana, das im damaligen Gouvernement Tula liegt, als Sohn des Grafen Nikolai Iljitsch Tolstoi geboren. Er war das vierte von insgesamt fünf Kindern, die aus der Ehe Nikolai Tolstois mit Maria Wolkonskaja hervorgingen. Diese tief religiöse und überaus gebildete Frau starb, als Leo noch nicht einmal zwei Jahre alt war. Bereits sieben Jahre später verloren die Kinder auch ihren Vater. Nach dem Tod ihres gesetzlichen Vormundes 1841 kommen die Waisen zu ihrer Tante Pelageja Juschkowa nach Kasan, das an der mittleren Wolga liegt. Im Alter von 16 Jahren nimmt Leo 1844 sein Studium an der dortigen Universität auf. Er studiert zunächst orientalische Sprachen und danach Jura, ist jedoch aufgrund seines mangelnden Interesses und Fleißes in beiden Fachbereichen nur wenig erfolgreich. Nach drei Jahren gibt er schließlich sein Studium auf und siedelt nach Jasjana Poljana über, um sich dem dortigen ererbten Gut zu widmen.

In seiner Kindheit und Jugend leidet Leo Tolstoi wegen seines, wie ihm schien, wenig attraktiven Äußeren an Schüchternheit und Minderwertigkeitsgefühlen und flüchtet sich oft in sentimentale Tagträumereien. Und wenn er auch nicht gerade schön aussehen mag, – dass er klug ist, davon ist der Junge allerdings überzeugt! Schon früh beschäftigt er sich mit philosophischen Fragen und Spekulationen. „Die philosophischen Entdeckungen, die ich machte", so meinte er später selbstkritisch, „schmeichelten meiner Eitelkeit außerordentlich: Ich kam mir wie ein großer Mann vor, der zum Heil der ganzen Menschheit neue Wahrheiten entdeckt hat, und blickte im stolzen Bewusstsein meines Wertes auf die übrigen Sterblichen herab."

Was seine religiöse Entwicklung in seiner Kindheit und Jugend angeht, so schreibt Tolstoi in seiner Bekenntnisschrift *Meine Beichte*: „Ich bin nach den Grundsätzen der orthodoxen, christlichen Kirche getauft und erzogen worden. (...) Aber als ich achtzehn Jahre alt war und zwei Jahre die Universität besucht hatte, glaubte ich schon nicht mehr an das, was man mich gelehrt hatte."

Und dennoch ist bei Tolstoi bereits als Student in Kasan und dann als junger Gutsherr in Jasnaja Poljana ein Streben nach hohen sittlichen Idealen, ein verzweifeltes Suchen nach einem tieferen Sinn des Lebens feststellbar. Und auch der Glaube an Gott ist doch noch nicht so ganz ad acta gelegt. So notiert er am 12.6.1851 in sein Tagebuch: „Gestern habe ich fast die ganze Nacht nicht geschlafen, erst ein wenig Tagebuch geschrieben und dann gebetet. (...) Ich sprach die Gebete, die ich gewöhnlich spreche: das Vaterunser, das Gebet an die Gottesmutter, die Dreifaltigkeit, das Tor der Barmherzigkeit und an den Schutzengel, und dann habe ich immer weitergebetet. (...) Ich wünschte etwas Erhabenes und Gutes; was allerdings, vermag ich mit Worten nicht auszudrücken; obwohl ich mir klar bewusst war, was ich wünschte. Mich verlangte, mit dem allumfassenden Wesen zu verschmelzen."

Aus einer Eintragung knapp vier Jahre später erfahren wir, dass er sogar daran dachte, eine neue Religion zu gründen. Was er da Anfang März 1855 in sein Tagebuch eintrug, hört sich fast schon wie ein Grundsatzprogramm an, in dem die besondere Art und Weise seines Glaubens, Lebens und Wirkens ein Vierteljahrhundert später – d. h. *nach* seiner „Bekehrung“ – bis zu seinem Tod vorformuliert erscheint! „Ein gestern geführtes Gespräch über das Göttliche und den Glauben“, schreibt er, „brachte mich auf einen großen und erhabenen Gedanken, dem ich mein Leben zu weihen fähig wäre. Dieser Gedanke besteht in der Gründung einer neuen Religion, die dem Entwicklungsstand der Menschheit angemessen ist, einer Religion Christi, aber gereinigt von Glauben und Geheimnis, einer praktischen Religion, die kein künftiges Glück verheißt, sondern Glück auf dieser Erde gewährt. Einen solchen Gedanken können, das begreife ich wohl, nur Generationen in die Tat umsetzen, die bewusst auf dieses Ziel hinarbeiten (...), und irgendwann einmal wird Fanatismus oder Vernunft ihn verwirklichen. *Bewusst* daran zu arbeiten, Menschen und Religion zu vereinen, ist die Quintessenz dieses Gedankens, der mich hoffentlich nicht mehr loslässt.“

Immer wieder ist in Tolstois Tagebuch ein Verlangen nach moralischer Vervollkommnung erkennbar. Wenn da nur nicht die vielen, schwer aufzugebenden Leidenschaften und charakterlichen Fehler wären! Tolstoi kann sie alle deutlich benennen: Eitelkeit, Eigenliebe und Ruhmsucht, Müßiggang, Reizbarkeit und ungenügende Standhaftigkeit, sexuelle Laster und seine zu hohen Verlusten führende Spielsucht. Immer wieder versucht er, dieser Unarten und Leidenschaften Herr zu werden, indem er für sich laufend neue Lebensregeln und Ziele in der Art eines systematischen Regelwerks und Verhaltenskanons entwirft. Aber so sehr er sich auch bemüht, die hehren Absichten in die Tat umzusetzen, so oft versagt er doch immer wieder. Erneut erfasst ihn dann Reue, bedrängen ihn heftige Selbstvorwürfe. Und wieder schreibt er neue Vorsätze und Absichtserklärungen nieder. Und wiederum versagt er regelmäßig. Es ist wie ein Circulus vitiosus! Ganz besonders machen ihm die Reize, die die Frauen auf ihn ausüben, zu schaffen. Es sind nicht wenige Frauen – Prostituierte, Zigeunerinnen, Mägde, Dienstmädchen –, mit denen Tolstoi sexuellen Kontakt hat. Verschiedentlich sind aus den Verhältnissen uneheliche Kinder hervorgegangen. Auch blieben Geschlechtskrankheiten nicht aus.

Da verliebt sich der inzwischen 34-jährige Tolstoi 1862 in die achtzehnjährige Sofia (Sonja) Behr, deren Vater Leibarzt im Kreml war. („Ich liebe, wie ich nie geglaubt hätte, dass man lieben könnte. Ich bin von Sinnen, ich erschieße mich, wenn das so weitergeht. War am Abend bei ihnen [d.s. die Behrs; M.H.]. Sie ist in jeder Hinsicht wundervoll.“) Und auch Sofia selbst empfindet nur Liebe für den inzwischen schon sehr bekannten Dichter, den sie wegen seiner Werke sehr verehrt. Umgehend wirbt Tolstoi um die Hand des Mädchens. Und weiter geht alles sehr schnell: Nach dem Ja-Wort findet bereits eine Woche später die Hochzeit statt! Anschließend erfolgt die „Hochzeitsreise“, die mehrtätige Kutschfahrt von Moskau nach Jasnaja Poljana.

Der Anfang der Ehe beginnt nicht gerade glücklich. Alles andere als einfühlsam und rücksichtsvoll scheint sich Tolstoi der in sexuellen Dingen noch völlig unerfahrenen Sofia genähert zu haben. (Entsprechende Passagen in ihrem autobiographisch gefärbten Roman *Eine Frage der Schuld* lassen nur zu deutlich darauf schließen. Tolstoi selbst notierte über die Hochzeitsreise lapidar: „Ihre Furchtsamkeit. Etwas Krankhaftes.“) Und noch weiteres verstört und schockiert die junge Braut: Kurz vor der Hochzeit hatte Tolstoi sie auch noch seine Tagebücher lesen lassen, in denen von seinen vielen Liebschaften und amourösen Abenteuern die Rede war. Sofia Tolstaja in ihrem Tagebuch: „Das Ganze der Vergangenheit meines Mannes ist so furchtbar, dass ich es, glaube ich, nie ganz werde akzeptieren können.“

Dennoch: die ersten 15, 20 Jahre sind für das Ehepaar, alles in allem gesehen, keine schlechte Zeit. Beide führen ein ausgefülltes Leben. Auch wenn sich Sofia in ihren Bedürfnissen und Empfindungen als Frau oftmals nicht verstanden fühlt. („Bei mir sucht er Befriedigung, bin zugleich Amme, gehöre sozusagen zur ‚Einrichtung‘ des Hauses, bin *Frau*.“) Eine umsichtige Hausfrau und Wirtschafterin ist sie. Ihrem Mann gebärt sie viele Kinder – 16 an der Zahl, die früh verstorbenen eingerechnet –, denen sie eine gute Mutter ist. Daneben beteiligt sie sich zeitweise an der Unterrichtung der Bauernkinder in der von ihrem Mann eingerichteten Schule. Ganz besonders liebt sie es aber, wenn sie Leo Tolstoi bei der Abfassung seiner Werke unterstützen kann, indem sie die schwer lesbaren Manuskripte in Reinschrift überträgt.

Doch dann verschlechtert sich die Ehe dramatisch und sollte in der Folgezeit Züge annehmen, die einem von Ibsen oder Strindberg für die Theaterbühne entworfenen Ehedrama in nichts nachstehen. Sofia Tolstaja hat im Rückblick den Beginn und den Grund für diesen Umschwung mit der „Bekehrung“ ihres Mannes in Zusammenhang gebracht. Und auch ihre Tochter Tatjana datiert und begründet in ihren Erinnerungen *Ein Leben mit meinem Vater* den Beginn der großen Ehekrise ihrer Eltern ähnlich, indem sie meint: „Die Zwietracht, die sich seit den ersten Ehetagen meiner Eltern fast unmerklich einschlich, blieb dank einer sie vereinenden großen Liebe etwa zwanzig Jahre lang latent, bis zu dem Augenblick, den man gemeinhin die Umkehr oder die religiöse Krise Tolstois zu nennen pflegt, und die er selbst seine Wiedergeburt nannte."

Bei seiner „Bekehrung" hatte sich Tolstoi, auf der Suche nach einem sinnerfüllten Leben und einem Gottesglauben, der nicht im Widerspruch zur Vernunft stehen sollte, der Lehre Christi zugewandt (s.o.). Diese drückte sich für ihn vor allem in der Bergpredigt aus. Wobei er deren Aussagen noch weiter zuspitzte, indem er zum Beispiel den Besitz auf Eigentum, die Existenz von Gerichten und Gefängnissen, ja überhaupt Obrigkeit und Staat grundsätzlich ablehnte. Die Gottessohnschaft Jesu, wie auch die Notwendigkeit der Erlösung der Menschen durch Christi Sterben und Auferstehen bestritt Tolstoi indes vehement. Kein Wunder, dass er für die Orthodoxe Kirche ein Häretiker war. Sie exkommunizierte ihn.

Tolstois optimistisches Menschenbild und sein Glaube an die menschliche Einsichtsfähigkeit werden nicht zuletzt an einem Gespräch deutlich, das er einmal mit dem deutsch-englischen Laienprediger Dr. F. W. Baedeker geführt hatte. Dieser war ein Vertreter der im 19. Jahrhundert vor allem im angelsächsischen Raum sowie in Nordeuropa recht erfolgreichen „Erweckungsbewegung", die viele Berührungspunkte mit dem Pietismus besaß und in den adligen Kreisen des Baltikums und St. Petersburgs viele einflussreiche Freunde gewonnen hatte. Baedeker predigte nicht nur in Salons von Adelshäusern, sondern machte auch reichlich von seiner unumschränkten Besuchserlaubnis in den Gefängnissen des Zarenreiches Gebrauch.

In einer unmittelbar nach dem Tod Baedekers (1906) herausgegebenen Biographie ist über die Begegnung Tolstois mit Baedeker zu lesen: „Der Doktor erzählte von einer Unterhaltung, die er in Moskau mit dem Grafen Tolstoi hatte (...) Der berühmte Schriftsteller empfing Dr. Baedeker (...) in seinem kahlen und kümmerlich möblierten Gemach. (...) ‚Was ist Ihr Ziel in Russland?', fragte der Graf. ‚Das Evangelium Christi in den Gefängnissen zu predigen', antwortete der Doktor. ‚Es sollte überhaupt keine Gefängnisse geben', rief Tolstoi aus. ‚Solange es Sünde in der Welt gibt, wird es auch Gefängnisse geben', war die Antwort des Evangelisten. ‚Es sollte auch keine Sünde in der Welt geben.' ‚Wie meinen Sie das?' ‚Ich meine, wenn die Leute richtig belehrt würden, würde es keine Sünde geben!', sagte Tolstoi mit feuriger Betonung."

Ein besonders ambivalentes Verhältnis hatte Tolstoi zur Sexualität. Auf der einen Seite stand seine moralische Ablehnung der Sexualität als etwas Animalisches, auf der anderen Seite begehrte er heftig seine nach wie vor noch immer attraktive Ehefrau. Diese fühlt sich als Sexualobjekt degradiert. In ihr Tagebuch trägt sie verbittert ein: „Wenn nur die Leute, die die *Kreutzersonate* mit solcher Hochachtung lesen, einen Augenblick das erotische Leben sehen würden, das er (d.h. Tolstoi; M.H.) führt (...), sie würden diesen kleinen Gott von dem Sockel herunterholen, auf den sie ihn gestellt haben."

Als Sofia Tolstoi gar befürchten muss, dass ihr Mann, der am liebsten als Pilger durchs Land gezogen wäre, ganz auf Besitz und den Urheberrechten an seinen Werken verzichten will, eskalieren die Ehekonflikte. 82 Jahre ist Leo Tolstoi alt, als er heimlich, in der Dunkelheit der Nacht, sein Gut in Jasjana Poljana verlässt. Er ist der jahrelangen, zermürbenden Streitigkeiten mit seiner Ehefrau müde. Bei seiner überstürzten „Flucht" wird er von seinem Arzt und der Tochter Sascha begleitet. Auf der Fahrt in einem zugigen Bahnabteil dritter Klasse zieht er sich eine Lungenentzündung zu. Bei der kleinen Station Astapowo muss er daher seine Odyssee beenden und sich in dem Bahnwärterhäuschen, zu Tode erschöpft, niederlegen. Der Zustand und Aufenthaltsort des berühmten Dichters lassen sich nicht geheim halten. Reporter, Freunde und Familienmitglieder eilen zu dem entlegenen Ort. Auch Tolstois Frau. Doch lässt man sie zu ihrem Mann nicht durch. Der stirbt am 7.11.1910, eine Woche nach seiner Ankunft in Astapowo.

Der Schriftsteller Manfred Hausmann schrieb später über den großen russischen Dichter: „Lew Nikolajewitsch Tolstoi (...) glaubte, wie er in hohen Stiefeln, mit seinem über die Hosen herabhängenden Hemd, wild bebartet und grauhaarig hinter dem Pflug einherschritt, ein Bauer und Urchrist zu sein. In Wahrheit war er weder das eine noch das andere. (...) Dennoch hat Tolstois schwere und leidenschaftliche Bemühung, sein Leben ohne jedes Zugeständnis in Einklang mit seinen Schriften zu bringen, etwas Ergreifendes. Schon um seiner Seltenheit willen."

Literatur- und Quellennachweis

Doerne, Martin: Tolstoj und Dostojewskij. Zwei christliche Utopien, Göttingen 1969
Hausmann, Manfred: Wege und Umwege. Betrachtungen, Frankfurt/M. 1985

Kjetsaa, Geir: Lew Tolstoj. Dichter und Religionsphilosoph, Gernsbach 2001
Latimer, R. S.: Ein Bote des Königs. Dr. F. W. Baedekers Leben und Wirken, Dinglingen 1927 (3. Aufl.)
Lavrin, Janko: Lev Tolstoj, Reinbek bei Hamburg 1996 (13. Aufl.)
Tolstaja, Sofja: Eine Frage der Schuld, Zürich 2008 (mit einer „kurzen Autobiographie" Sofja Tolstajas und einem Nachwort von Ursula Keller)
Tolstoi, Leo: Meine Beichte, Berlin 1903
Tolstoi, Leo: Mein Glaube, Berlin 1901
Tolstoi, Leo: Kindheit – Knabenalter – Jünglingsjahre, Frankfurt 1976
Tolstoi, Lew: Tagebücher, 1. Band: 1847-1884, Berlin 1978
Tolstoi, Lew: Tagebücher. 2. Band: 1885-1901, Berlin 1978
Tolstoi, Lew: Tagebücher. 3. Band: 1902-1910
Tolstoj, Leo N.: Was ist Kunst?, Leipzig 1902
Tolstoi, Tatjana: Ein Leben mit meinem Vater. Erinnerungen an Leo Tolstoi, Köln 1978

Carl Zuckmayer:
Gott ist doch nicht tot!

Carl Zuckmayer ist einer der größten und populärsten deutschen Dramatiker des 20. Jahrhunderts gewesen. Wenn man behauptet, dass er auch ein „christlicher Dichter" gewesen sei, so stellt diese Etikettierung keine unbotmäßige Vereinnahmung dar. Die Aufnahme und Berücksichtigung eines christlich-theologischen Aspekts in seiner Dichtung zeigte sich erstmals in der 1938 erschienenen Erzählung *Herr über Leben und Tod*. Sie setzte sich fort in dem Drama *Des Teufels General (1946)*, zeigte sich dann genauso wieder in dem von der französischen Résistance handelnden Theaterstück *Der Gesang im Feuerofen (1950)* wie in dem kriminalistischen Roman *Die Fastnachtsbeichte (1958)*. Vor allem in diesen Werken werden die unter der Voraussetzung eines metaphysischen Hintergrunds aufgeworfenen Fragen christlicher Existenz und Bewährung ausführlich diskutiert – in zum Teil seitenlangen Abschnitten, aber nie aufgesetzt oder für den Leser langweilig! So dass der Schweizer Theologe Karl Barth in einem Brief an Carl Zuckmayer diesem gar bescheinigte, er habe in seiner „rein ‚weltlichen' Schriftstellerei faktisch ein priesterliches Amt ausgeübt" und würde es immer noch „in einem Ausmaß ausüben, wie das unter den berufsmäßigen Priestern, Predigern, Theologen usw. (...) wohl nur von wenigen gesagt werden kann". Ihm, Zuckmayer, sei es gegeben, „die menschliche Dunkelheit, Verkehrtheit und Misere" in einer „nirgends versagenden Barmherzigkeit zu sehen". Und: „Die Alle und Alles unaufdringlich, aber unübersehbar umgebende Güte Gottes regiert und charakterisiert bei Ihnen auch die trivialsten, bizarrsten, ja tollsten Szenen und Situationen."

Verfolgt man nun neben dem christlichen Gehalt in Zuckmayers Opus auch die persönliche, sich in seiner eigenen Biographie manifestierende Glaubensentwicklung, so ist zu beobachten, dass deren Grundlagen schon in seiner Kindheit angelegt worden waren.

Nach einer langen Phase eines recht verschwommenen Glaubens- und Weltverständnisses, das sich zeitweise naturreligiösen, pantheistischen Vorstellungen annäherte, stellte sich seine (christliche) Gläubigkeit – spätestens im Verlauf der Nazibarbarei und des Zweiten Weltkrieges – wieder neu ein. Sie festigte sich danach weiter und gewann zunehmend an „Dichte" und Eindeutigkeit. Insofern könnte man bei Zuckmayer auch von einem prozessualen Bekehrungsverlauf sprechen.

Der 1896 in Nackenheim geborene Carl Zuckmayer hat seine Kindheit und Jugendjahre in Mainz verbracht. Dorthin hatten die Eltern, die im nur wenige Kilometer entfernten Nackenheim eine kleine Fabrik zur Herstellung von Weinflaschenkapseln besaßen, 1900 ihren Wohnsitz verlegt. Zuckmayers Großeltern mütterlicherseits mit Namen Goldschmidt waren zwar jüdischer Abstammung, aber schon früh zum Christentum konvertiert. Ganz besonders liebte und verehrte der junge Carl seine Großmutter väterlicherseits. Sie war nicht nur eine auffallend schöne alte Frau, sie war auch sehr fromm. In einer Weise fromm, wie es später auch ihrem Enkel selbst in einer gewissen Weise eigen sein sollte. „Ihre lebensheitere und weitherzige Frömmigkeit", schreibt Zuckmayer anerkennend über sie, „ihre Vertrautheit mit Kirche und Klerus (...) hatte nichts Zelotisches oder Beschränktes, ihre Religiosität war eine natürliche Ergänzung zur Realistik des täglichen Lebens, eine naive, unpathetische Bezogenheit zur Transzendenz, ebenso tolerant und menschenfreundlich wie gottes- und himmelsnah."

Dass er wie die Mehrzahl der Kinder in der Domstadt katholisch war und als Kind diesen Umstand als etwas ganz Normales und zur Lebenswirklichkeit Zugehöriges empfand, hielt Zuckmayer später „für einen der Glücksfälle" seiner Jugend. Wurde ihm doch auf diese Weise in seiner Kindheit „die Erweckung eines inneren Lebens geboten (...), zeitweise das Glück der unbedingten Gläubigkeit, später, im Heranwachsen, alle Kämpfe, Zweifel, Geisteskrisen, die zum produktiven Dasein gehören, bis zum Abfall, aber niemals bis zur Gleichgültigkeit – und schließlich, über alle Stiegen und Stufen hinweg, das gelassene Wissen um die Wahrheit des Kinderglaubens".

Als Schüler besuchte Zuckmayer das humanistische Gymnasium der Stadt. Als Primaner verfällt er der Philosophie Nietzsches, und er fühlt sich genötigt, vor einer Religionsstunde demonstrativ GOTT IST TOT an die Wandtafel zu schreiben. Da ist es gut, dass er mit dem späteren Domkapitular Professor Mayer einen Religionslehrer hat, der auf die atheistische Phase seines Schülers klug einzugehen verstand. „Ich verdanke es nur der Güte dieses Geistlichen", meint Zuckmayer in seiner Autobiographie *Als wär's ein Stück von mir*, „dass es nicht zur Katastrophe kam. Er gab mir, statt einer Strafe, die ‚Bekenntnisse' des Augustinus (...) und machte mir klar, dass mich an Nietzsche das Poetische stärker berauscht hatte als die philosophische Konsequenz."

Wenige Monate nach Ausbruch des Ersten Weltkriegs wird der Abiturient an die Westfront geschickt. Fast vier Jahre Kriegshölle durchlebt er. Hilflos muss er das qualvolle Sterben der Kameraden mit ansehen, muss das feindliche Trommelfeuer der heulenden Granaten aushalten und in Unterständen und Schützengräben vegetieren; muss töten, wird selbst verwundet und entkommt dem Tod nur knapp und wie durch ein Wunder. Phasenweise beschleichen ihn Gefühle der Gottverlassenheit, der Sinnlosigkeit und einer grenzenlosen Einsamkeit. In den Nachkriegsjahren versucht er sich als Dramaturg und Bühnenautor. Bereits 1925 gelingt ihm mit dem Volksstück *Der fröhliche Weinberg* ein erster großer Erfolg als Dramatiker. Sein berühmtestes Schauspiel *Der Hauptmann von Köpenick* erfährt im März 1931 seine Uraufführung.

Mit Beginn der Naziherrschaft ist sich Zuckmayer in Deutschland seines Lebens nicht mehr sicher. Zunächst hält er sich noch in Österreich auf. Dann, nach dem erzwungenen „Anschluss" Österreichs an das Deutsche Reich, emigriert er in die USA.

Zuckmayer hatte das unmenschliche, ja dämonische Gesicht von Hitlers Drittem Reich kennengelernt. Das führte ihn dazu, dass er fortan zunehmend von einem christlichen Glaubens- und Weltverständnis erfüllt war, welches ihn auch zu einem veränderten Verständnis von Kunst und der Aufgabe des Theaters brachte. So äußerte er einmal in einem Interview aus dem Jahr 1969: „Es wird immer erwartet, dass Theater gesellschaftskritisch (...), einen gewissen Klassentyp entlarvend sein (solle). Das halte ich alles für überlebt und vorgestrig. Wir sind entlarvt; wir sind bis aufs Hemd entlarvt. Wir wissen, was nicht in Ordnung ist, und was geändert werden muss. Darüber hinaus erheben sich ganz andere Fragen."

Bei diesen an den Menschen gerichteten „ganz anderen Fragen" ging es Zuckmayer darum, das Menschenbild, die Ordnung und Harmonie des Lebens im Weltganzen zu beschwören. Freiheit, Gerechtigkeit, Versöhnung und – nicht zuletzt! – Liebe sind dabei die unverrückbaren Koordinaten seines Wertesystems, seines Humanitätsideals. Wobei die Achtung vor der Würde jedes einzelnen Menschen, das Wissen um eine „letzte" Verantwortlichkeit menschlichen Lebens und Handelns vor Gott konstitutiver Bestandteil seiner Dichtung sind. Dabei weiß Zuckmayer nur zu gut, dass sich der Mensch in einem Spannungsfeld von Gut und Böse, von Recht und Unrecht befindet und er allezeit vom Bösen fasziniert und verführt werden kann. Die im Menschen liegenden Abgründe zum Bösen hin werden von ihm nie bestritten. Im Gegenteil! Aber sie sind für ihn nicht das eigentliche Thema und bilden nicht die düsterresignative Grundmelodie seiner Dichtung. Ausdrücklich gibt er einer Äußerung Peter Suhrkamps recht, dass „die Schilderung von Grausamkeiten nicht abschrecke, sondern den im menschlichen Unterbewusstsein vorhandenen Trieb zur Grausamkeit, die geheime Lust an ihrer Vorstellung, errege". Denn – so Zuckmayer –: „Die Phantasie ist eine ebenso abgründige wie erlösende Gewalt. Man tut gut, das Teuflische, das in ihren Tiefen schlummert, nicht zu wecken, sondern nach ihren lichten Sphären zu streben, ihrer vox coelestis zu lauschen, ihre vox humana zu beschwören."

Nichts vermag wohl Zuckmayers Standort und Selbstverständnis als Dichter besser wiederzugeben, als jene Passage aus einem Brief an die Mutter der hingerichteten Geschwister Scholl, in dem die Charakterisierung der jungen Widerständler genauso gut als eine Beschreibung seiner eigenen Gesinnung gelten kann. „Sie kämpften", so schreibt er, „nicht für die Herrschaft ideologischer Dogmen. Sie kämpften für das einfachste und größte Anliegen der Menschheit, den Triumph des Guten und Echten über das Böse und Falsche, der Wahrheit über die Lüge, des Göttlichen in der Menschenbrust über das Teuflische; (...) Sie kämpften für die Souveränität des freien Geistes, im Glauben an die tiefe Verpflichtung, die uns das Gottes-Geschenk einer unsterblichen Seele auferlegt."

Am 27. Dezember 1961 war Carl Zuckmayer von dem im Schweizer Kanton Wallis gelegenen kleinen Gletscherort Saas-Fee, wohin er 1958 übergesiedelt war, die Ehrenbürgerschaft verliehen worden. In Anspielung auf seine 1938 in Schweden herausgegebene Schrift *Pro Domo*, dessen Text in die Bereiche „pro Domo" (für das eigene Haus), „pro Patria" (für das Vaterland), „pro Vita" (für das Leben), „pro Arte" (für die Kunst) und „pro Mundo" (für die Welt) eingeteilt war, bekannte sich Zuckmayer in seiner Dankesrede auch zu einem „pro Deo" (für Gott) seines Lebens und Werkes. Unter anderem führte er aus: „Ja, dieses Bekenntnis habe ich damals noch nicht in Worte fassen und vor der Welt ablegen können. Aber ich glaube, jetzt und hier, in dieser gottgesegneten Landschaft (...), unterm Gipfel des Berges, der mit Recht der Dom heißt, und besonders jetzt im Winter wie eine gotische Kathedrale über uns aufragt, in der reinen Luft, in der Stille der Lärchenwälder, und im Schoße einer christlichen Gemeinde, zu der ich mich voll und ganz zugehörig fühlen darf, – heute, so glaube und hoffe ich, mag mir das gelingen, was mein Werk erst rechtfertigen und bekräftigen soll, dass es wirklich ‚Pro Deo' steht, dass es ein wahrhaftiges

Bekenntnis zu der Gottesmacht bedeuten wird, der wir entstammen und zu der wir hinstreben."

Es war im Sommer 1967, da erhielt Zuckmayer zu seiner nicht geringen Überraschung einen Brief von dem 81-jährigen Karl Barth. In ihm ließ der bekannte Theologieprofessor den rund zehn Jahre jüngeren Dichter in bewegenden Worten wissen, welch tiefen Eindruck das ein Jahr zuvor erschienene Buch *Als wär's ein Stück von mir* auf ihn ausgeübt habe. Aus dem Schreiben entwickelte sich dann bis zu Barths Tod am 10. Dezember 1968 nicht nur eine vertrauensvoll geführte Korrespondenz, sondern auch eine von beiden dankbar erlebte Altersfreundschaft, bei der es auch zweimal zu persönlichen Besuchen gekommen war.

Bereits in seinem Antwortschreiben hatte Zuckmayer deutlich gemacht: „Ich gehöre zu denen, für die Gott NICHT tot ist, und das Christentum, wenn richtig erfasst und gelebt, immer noch die Heilslehre." Bei dem ersten persönlichen Treffen der beiden Männer in Saas-Fee schien Zuckmayer allerdings – so kam es Barth im Nachhinein jedenfalls vor – „Gott auch angesichts, ja in Gestalt der Rinde eines (...) alpinen Baumes" anbeten zu können. Das nun ließ dem Theologen in Barth keine Ruhe, so dass er im folgenden Brief an Zuckmayer seine Sorge und Bedenken dem Jüngeren mitteilte. Den von Barth vorgetragenen Einwänden verdanken wir ein besonders prägnantes Glaubensbekenntnis Zuckmayers. In seinem langen Erwiderungsschreiben ließ er Barth wissen: „Natürlich haben Sie völlig recht, und ich stimme Ihnen ohne Einschränkung zu, dass die Bewunderung der Gottesmacht, wie sie die kraftvolle Rinde und der Wuchs eines alpinen Lärchenbaums (von diesem war die Rede) im Betrachtenden erregen kann, niemals, auch nicht vom Dichter, mit *Anbetung* gleichzusetzen ist. Sie kann, wie jeder dieser leuchtenden Oktobertage, die wir jetzt hier erleben, Ehrfurcht, dankbare Frömmigkeit in uns erwecken, das heißt: zum Gebet anregen oder sogar zwingen, das Empfinden der Weltliebe zur Gottesliebe steigern, die sich im Gebet äußert, die Anbetung jedoch gilt nur Dem, der – wie Sie es sagen – der in Jesus Christus allein wahrhafte, handelnde und redende Gott ist."

Am 18. Januar 1977 starb Carl Zuckmayer. Vor dem Hintergrund seines Glaubens überrascht es nicht, dass am Ende der Totenmesse der Choral „Großer Gott, wir loben Dich" gesungen wurde. Zuckmayer hatte es sich ausdrücklich so gewünscht.

Literatur- und Quellennachweis

Ayck, Thomas: Carl Zuckmayer, Reinbek bei Hamburg 2002 (8. Aufl.)
Herdan-Zuckmayer, Alice: Die Farm in den grünen Bergen, Frankfurt/M. 1983
Kieser, Haro (Hrsg.): Carl Zuckmayer. Materialien zu Leben und Werk, Frankfurt 1986
Supersaxo, Otto: Carl Zuckmayer. Ein Leben auf steinigen Wegen, Visp 1998
Zuckmayer, Carl: Als wär´s ein Stück von mir. Horen der Freundschaft, Frankfurt 2002 (31. Aufl.)
Zuckmayer, Carl: Aufruf zum Leben. Porträts und Zeugnisse aus bewegten Zeiten, Frankfurt/M. 1976
Zuckmayer, Carl: Deutschlandbericht für das Kriegsministerium der Vereinigten Staaten von Amerika, Göttingen 2004
Carl Zuckmayer 1896-1977. „Ich wollte nur Theater machen“, Bearb. Günther Nickel u. Doris Weiß, Marbach a. N. 1996
Zuckmayer, Carl/Barth, Karl: Späte Freundschaft in Briefen, Zürich 1979 (5. Aufl.)

Konversion jüdischer Dichter zum Christentum[1]

Alfred Döblin:
Schicksalsreise

Es ist der 14. August 1943. In einem kleinen Theater in Santa Monica findet zu Ehren des 65. Geburtstags des Schriftstellers Alfred Döblin (1878-1957) eine große Party statt. Viele namhafte Emigranten, unter ihnen Heinrich und Thomas Mann, Ludwig Marcuse und Bert Brecht, nehmen als alte Freunde und Weggefährten an der Veranstaltung teil. Die Überraschung ist groß, als das Geburtstagskind sich als gläubiger Christ outet. Döblin verweist darauf, dass die von Hitler entfesselten, über die Welt hereingebrochenen Vorgänge von unheimlicher, dämonischer Art seien, hinter denen er ein göttliches Gericht sehe. Man habe nicht nur Hitler und seine Konsorten anzuklagen, sondern auch sich selbst. Es gelte, sich vom Materialismus ab- und einer höherwertigen Daseinsweise zuzuwenden. Doch die Zuhörer reagieren auf Döblins Bekenntnis eisig und geschockt. Ein Augenzeuge: „Erst ganz am Schluss wurde uns klar, dass Döblin ein religiöses Bekenntnis ablegte und andeutete, er habe auf der Flucht aus Frankreich eine seelische Erleuchtung erlebt und den Weg zu Christus gefunden. Die Zuhörer wussten mit dem Bekenntnis nichts anzufangen und verließen den Saal in betretener, zwiespältiger Stimmung."

Am deutlichsten sollte Bert Brecht seinen Spott, aber auch seine ganze Intoleranz gegenüber dem christlichen Bekenntnis seines bisherigen Freundes artikulieren. Sein mit „Peinlicher Vorfall" überschriebenes Gedicht spielt nur zu deutlich auf dessen Outing im Rahmen jener Geburtstagsfeier an:

> „Als einer meiner höchsten Götter seinen 10 000. Geburtstag beging
> Kam ich mit meinen Freunden und meinen Schülern, ihn zu feiern (...)
> Da betrat der gefeierte Gott die Plattform, die den Künstlern gehört
> Und erklärte mit lauter Stimme (...)
> Dass er soeben eine Erleuchtung erlitten habe und nunmehr
> Religiös geworden sei, und mit unziemlicher Hast
> Setzte er sich herausfordernd einen mottenzerfressenen Pfaffenhut auf
> Ging unzüchtig auf die Knie nieder und stimmte
> Schamlos ein freches Kirchenlied an, so die irreligiösen Gefühle
> Seiner Zuhörer verletzend, unter denen Jugendliche waren. (...)"

Wie war es zur Bekehrung des eigentlich eher atheistisch eingestellten jüdischen Nervenarztes und Schriftstellers Alfred Döblin, dem 1929 mit dem Roman *Berlin Alexanderplatz* ein literarischer Durchbruch gelungen war, gekommen? Zuvor sei aber festgestellt, dass Döblin die religiöse Frage permanent umgetrieben hatte. Sie durchlief dabei unterschiedliche Stadien, die sich regelmäßig in seinen Werken niederschlugen. Monique Weyembergh-Boussart schreibt in ihrer Studie über Döblins religiöse Entwicklung bis zu seiner Konversion zum Katholizismus: „Lange hat es sich aber um eine Art Hassliebe zur Religion gehandelt. Döblin suchte sich zu entziehen und seine Sehnsucht nach dem Irrationalen und Übernatürlichen, nach einer transzendenten Bindung durch Gegenkräfte wie den Humor, die Skepsis, sogar den Hohn und den Zorn aufzuwiegen. Lange hat in ihm der Mystiker mit der Aufklärung gezankt. (...) Jedoch waren schon sehr früh einige Hauptkategorien des Religiösen in seinen Schriften vorhanden, und sie blieben es bis zum Ende. (...) Vom frühen Tasten nach dem Religiösen (1900-1912) geht er zu einer gottlosen Mystik über (1912-1925), in der Naturanbetung und taoistischer Quietismus die Hauptrolle spielen. Von 1925 ab zeichnet sich die Wendung zu einer Art Theopantismus ab, zum Glauben an einen Ur-Geist, an eine ‚Weltseele'; hier sind der Hinduismus, die Spuren des Spinozismus und des nachkantischen Idealismus tonangebend. Es erfolgt auch eine Annäherung an das Jüdische. Bisher ist Döblins Weltanschauung aber diesseitig und pantheistisch geblieben. Nach 1933 bereitet sich eine Umwälzung vor."

Bereits Anfang 1933 hatte sich Döblin, kurz nachdem Hitler in Deutschland zur Macht gelangt war, in die Schweiz abgesetzt. Damit war er einer Verhaftung durch die Nazis zuvorgekommen. Von der Schweiz aus emigrierte er dann noch im selben Jahr nach Frankreich. Doch schließlich muss Döblin im Mai 1940 auch Paris, wo er sich mit seiner Familie niedergelassen hatte, verlassen, da im Frühjahr 1940 – nur wenige Monate nach Ausbruch des Zweiten Weltkriegs – Paris zusammen mit ganz Nordfrankreich von deutschen Truppen besetzt wurde. Die südliche Hälfte Frankreichs verwaltete von dem Badeort Vichy aus eine von den Deutschen geduldete französische Regierung.

Während dieser Geschehnisse irrt Döblin verstört und verzweifelt durch den südlichen Teil Frankreichs. Zeitweise hält er sich in Flüchtlingslagern auf. Er weiß nicht, wohin er sich richten, wo sich niederlassen soll. Wovon künftig leben? Schließlich muss er auch noch seine Frau suchen, die sich zu Beginn der Flucht mit dem 13-

jährigen Sohn Stefan vorübergehend von ihrem Mann getrennt hat, nun aber unerreichbar, unauffindbar zu sein scheint.

Während seiner Odyssee durch Südfrankreich wird Döblin in der Stadt Mende, wo er sich längere Zeit aufhält, so etwas wie ein religiöses Schlüsselerlebnis zuteil. Erneut – und noch stärker als bereits zuvor schon in Paris – tut es ihm der Gekreuzigte an. In Paris hatte er des Öfteren wie gebannt vor Läden stehen müssen, in denen Kruzifixe ausgestellt und verkauft wurden: „Sie zogen mich an. Vor ihnen fiel mir ein: Das ist das menschliche Elend, unser Los, es gehört zu unserer Existenz, und dies ist das wahre Symbol. Unfassbar der andere Gedanke: Was hier hängt, ist nicht ein Mensch, dies ist Gott selber, der um das Elend weiß und darum herabgestiegen ist in das kleine, menschliche Leben. (...) Er hat durch sein Erscheinen gezeigt, dass dies alles hier nicht sinnlos ist, wie es scheint, dass ein Licht auf uns fällt und dass wir uns auch in einem jenseitigen Raum bewegen."

Und nun befindet sich Döblin bei seinem Aufenthalt in Südfrankreich in der großen Kathedrale von Mende. Hoch über ihm, im Kirchenschiff, ist ein Kreuz mit dem Korpus des leidenden, sterbenden Christus angebracht. Döblin kommt von seinem Anblick nicht los. Eine tiefe Sehnsucht nach einer Bestätigung seiner auf Christus bezogenen religiösen Ahnungen hat sich seiner bemächtigt: „Wie in Paris auf der Straße gleiten meine Blicke herüber zu dem Kruzifix und befragen es. (...) Es ist (...) etwas in mir (...), was mich seit langem zu dem Gekreuzigten zieht. Wenn ich im Neuen Testament lese und seine Reden und Handlungen verfolge, so gibt es nichts darin, was mich nicht erhebt und mir große Freude macht. (...) Wie begreiflich ist es, dass sie ihm zu Füßen fielen und dass eine arge Sünderin seine Füße salbte. Aber – hat Gott ihn gesandt? Ist er Gott? Dies allein frage ich."

Wenige Tage später wohnt Döblin einem sonntäglichen Gottesdienst in der Kathedrale bei. Und wieder wird sein Blick von dem Gekreuzigten gebannt: „Ich betrachte das Kruzifix. (...) Und dann denke ich darüber nach, was die Predigt gesagt hat und was die Messe verkündet: ‚Die Welt ist unglücklich und mangelhaft, durch unsere Schuld und Schwäche. Aber die Gnade, die Liebe, die Erlösung wurde in die Welt geschickt. Gott kennt unsern Zustand. Er nimmt sich unser an. Wir müssen nur kommen und wollen.' Ich spreche mir das vor. Nur kommen, nur wollen. Ich – möchte schon. Ich möchte. Aber es – gelingt mir nicht."

Während zum einen Döblins Denken um den Gekreuzigten kreist, meldet sich zum anderen der beobachtende, analysierende Nervenarzt in ihm und versucht für seine metaphysischen Gedankengänge eine rationale Erklärung zu liefern: „Der Mann befindet sich in einem physiologisch und psychisch unnormalen Zustand. (...) Zwei Wochen in ruhiger Umgebung, bei ausreichender Nahrung würden genügen, den Mann von seiner Theologie zu befreien." Doch der „Mediziner" Döblin vermag den „Menschen", den Gottsucher Döblin nicht zu überzeugen. Denn der hält seinem inneren Dialogpartner entgegen: „Die Dinge liegen anders: Wer Fett ansetzt, wer in seinem Alltagstrott hintreibt, wird nichts oder nur Plattes, Banales erfahren. (...) Bequemlichkeit und Alltagsroutine ersticken in uns, was lebendig ist und leben will."

Da Döblin – er ist inzwischen mit Frau und Sohn wieder glücklich zusammengetroffen – auch in Südfrankreich vor einer Auslieferung an die Deutschen nicht sicher ist, ist sein nächstes Fluchtziel die USA. Doch fehlt ihm für die immens hohen Kosten der Reise, die über Spanien und Portugal gehen soll, noch ein erheblicher Betrag. Bevor sein zeitlich befristetes Ausreisevisum ausläuft, bietet ihm im buchstäblich letzten Augenblick in Marseille ein ihm bis dahin unbekannter hoher französischer Ministerialbeamter die benötigte Summe von 4.000 Francs an. Döblin ist fassungslos: „Er meinte, er verfüge im Allgemeinen nicht über Beträge in solcher Höhe. Aber zufällig sei er heute in den Besitz einer gewissen Summe gelangt, und er wolle natürlich tun, was in seinen Kräften stünde, um uns zu helfen. Und er griff in seine Brusttasche, zog sein Portefeuille und – überreichte uns den Betrag." Für Döblin steht fest: Hinter dieser Schicksalswendung kann nur Gott, kann nur Christus stehen!

Nachdem die Döblins am 9. September 1940 glücklich in New York angekommen sind, lassen sie sich in Los Angeles nieder. Doch das Leben im amerikanischen Exil gestaltet sich für Alfred Döblin schwer und misslich. Zunächst erhält er bei den MGM-Filmstudios einen Einjahresvertrag als Drehbuchautor. Danach Arbeitslosenunterstützung. Als diese ausläuft, ist man auf die Zuwendungen aus einem Hilfsfond für bedürftige Schriftsteller angewiesen.

Dass sich nach seiner „Schicksalsreise" – so der Titel seines von seiner Flucht und Glaubensfindung handelnden Bekenntnisbuchs – für ihn nun auch die Frage nach einer verbindlichen Kirchenzugehörigkeit stellte, das wurde Döblin erst so richtig bewusst, als er seinem Sohn Stefan durch Schule und Erziehung ein geistiges Fundament zukommen lassen wollte, das über eine allgemeine Wissensvermittlung und

-aneignung hinausgehen und auch religiöse und ethisch-moralische Fragen mitberücksichtigen sollte. Darin ist er sich mit seiner Frau jedenfalls einig: „Man konnte den Jungen nicht so aufwachsen lassen, ohne Wissen von dem, was die Welt und die menschliche Existenz war, ohne Kenntnis von unserem Los, ohne Weg und ohne Halt. (...) Wir waren selbst so aufgewachsen. (...) Mit welchem Ergebnis? Wie hatte es uns geformt? Der Junge sollte besser geführt werden. Wir sprachen vom Christentum. (...) Wir waren, meine Frau und ich, nun der Meinung, man müsste die bisherige unernste Art unseres Hinlebens beenden. Wir konnten den Jungen nicht in derselben Weise an die Schule, den Staat und die Dinge des Tages weggeben, wie man uns ihnen einmal hingegeben, weggegeben hatte, (...) Ein wirkliches Koordinatensystem musste das Leben haben, und keinen bloßen, leblosen Rahmen."

Im Verlauf dieser Überlegungen und Gespräche wird es Döblin klar: „Nun sollte das, was ich in mir trug, an den Tag. Es verlangte danach. Es war soweit. (...) Mir war sicher, obwohl ich nicht wusste warum: Es war das Christentum, Jesus am Kreuz, was ich wollte." Über Monate hinweg nehmen Alfred und Erna Döblin Katechismus-Unterricht in einer in der Nähe ihrer Wohnung liegenden katholischen Kirche bei Priestern, die dem Jesuitenorden angehören. Dass sie sich taufen lassen und so auch der Kirche als Mitglieder angehören wollen, steht für sie bald fest. Alfred Döblin: „Die Begegnungen und Gespräche mit ihnen, das Nachdenken, Vorfühlen und Nachfühlen, das Aufnehmen der mitgeteilten Lehren erfüllte uns mit Freude, ja mit einer Seligkeit, wie wir sie nie empfunden hatten. Der Finger Gottes! Das Zeichen! Nun wurde das Zeichen in dieser Form gegeben, in dem Glücksgefühl. Wie noch zweifeln, ob man auf dem rechten Weg war. Wir zögerten nicht, den Weg zu gehen. Der Junge wurde in die religiöse Schule bei der Kirche zu Schwestern gebracht."

Am 30. November 1941 lassen sich Alfred und Erna Döblin gemeinsam mit ihrem Sohn Stefan katholisch taufen. „Nun war alles, was ich dachte", so Döblin, „zu revidieren." Er wundert sich selbst, wie fern und fremd ihm jetzt seine „Götter und Helden von früher", wie zum Beispiel Nietzsche, Marx und Freud, geworden sind. Nachdem auf ihn schon in Paris das Studium der Schriften Kierkegaards einen nachhaltigen Eindruck hinterlassen hatte, sprechen ihn jetzt vor allem die *Bekenntnisse* des Augustinus und die *Summa theologiae* des Thomas von Aquin an. „Nach einer Pause", berichtet Döblin weiter, „gab ich mir Rechenschaft, wo ich stand und was ich wirklich aufgenommen und mir einverleibt hatte, was also ‚mein' geworden war." So entsteht *Der unsterbliche Mensch*, ein *Religionsgespräch*. In einem fiktiven Streitgespräch zwischen einem „Jüngeren“ (= Döblins Ex-Alter Ego) und einem „Älteren“ (= Döblins Alter Ego *nach* seiner Bekehrung) erklärt, begründet und entfaltet der Autor ausführlich seinen christlichen Glauben.

Nachdem der Krieg beendet ist, verlässt Döblin im Herbst 1945 die USA und kehrt nach Deutschland zurück. Dass er Christ geworden war (Walter Dirks: „Ein richtiger, regelrechter Christ, nicht nur so ...“), das hatte sich auch in Deutschland unter Journalisten und in der Literaturszene schnell herumgesprochen. Das war auch kein Wunder. Denn es liegt in Döblins Natur und Temperament, dass er, sobald er von einer Sache überzeugt ist, diese auch unerschrocken und engagiert vertritt. Ihn, dem sich mit dem christlichen Glauben eine neue Dimension des menschlichen Daseins erschlossen hatte, die in der Lage war das Rätsel „Mensch“ zu erhellen und dessen Schuld- und Sinnfrage zu lösen, – ihn drängt es jetzt danach, auch andere Menschen über die von ihm erkannte Wahrheit aufzuklären. „Zahllose Menschen“, so seine Überzeugung, „leben hin im Nichtwissen, entspannt, von Tag zu Tag, wie junge Tiere. Sie leben, als gäbe es nicht Schuld und Erkenntnis. Sie schweifen durch die Existenz. Sie schlafen. (...) Aber es wäre für die Welt ein Gewinn, wenn sie erhellt, geklärt und zum Leben geführt würden, wenn sie aufgeklärt und zum Licht geführt würden. Es gab schon eine Aufklärungsperiode. Eine neue bessere muss kommen.“

Die Bücher, die Döblin nach seiner Konversion veröffentlicht, verfolgen alle das oben genannte Ziel. Da ist einmal die *Schicksalsreise* (1949). Da ist das schon erwähnte Religionsgespräch *Der unsterbliche Mensch* (1946), dem später noch ein weiteres Religionsgespräch, *Der Kampf mit dem Engel – ein Gang durch die Bibel*, folgen sollte. (Es entstand zwischen 1950 und 1952, erschien aber erst posthum 1980.) Selbst die Romantetralogie *November 1918* (1939-1950), die von der verfehlten deutschen Revolution handelt, enthält Passagen – wie z. B. die Beschreibung der Bekehrung von Friedrich Becker, der eigentlichen Hauptfigur –, die deutlich Döblins neuen religiösen Standort erkennen lassen.

Gleiches gilt auch für die Erzählung *Der Oberst und der Dichter* (1946), in dem ein „Dichter“ inmitten der durch den Zweiten Weltkrieg hervorgerufenen Ruinen- und Trümmerlandschaft einen verbohrten „Oberst“ vergeblich zu Schuldeinsicht und Haltungsänderung zu bewegen versucht. Von christlichem Geist und Gehalt erfüllt ist auch die in der Zeit der römischen Christenverfolgungen spielende legendarische Erzählung *Die Pilgerin Aetheria* (posthum 1978), in der die Entwicklung der rachsüchtigen Namenschristin Aetheria, die ihren Mann durch Mord verlor, zur überzeugten, existenziell erfassten Christin dargestellt wird.

In dem Roman *Hamlet oder Die lange Nacht nimmt ein Ende* (1956) schließlich findet ein junger, von schweren äußeren Verwundungen und psychischen Störungen heimgesuchter englischer Kriegsheimkehrer sich nicht mehr in der Welt seines Elternhauses zurecht. Als sei er durch seine Kriegstraumata hellsichtig geworden, ahnt er, dass sich hinter den äußeren Konventionen und Umgangsformen in seiner Familie eine Lügenlandschaft und ungeklärte Beziehungskrisen verborgen halten. Unnachsichtig insistierend, versucht er sein Gegenüber (Vater, Mutter) mit unbequemen Fragen zu konfrontieren, um so endlich auf die „Wahrheit" zu stoßen. Der Leser fühlt sich dabei an ein Beziehungs- und Enthüllungsdrama Ibsenscher Art erinnert. Am Ende, wenn alle Hüllen und Fassaden, die Illusion und Beschönigung, Lüge und Verdrängung geschaffen haben, gefallen und die eigenen Lebenslegenden zerstört sind, fühlen sich alle Familienmitglieder entlarvt und bloß(gestellt). Sie haben mehr über sich und den anderen erfahren, als sie zu tragen vermögen. Es sei denn, sie finden zu echter Reue und gegenseitiger Versöhnung und kommen mit ihrer Lebenslüge und schuldbefrachteten Lebensgeschichte zu Gott, durch den die Möglichkeit zu innerer Heilung und zu einem Neuanfang aus der Kraft der Liebe besteht.

Ludwig Marcus war derart von dem Buch begeistert, dass er nicht nur eine ausführliche Rezension verfasste, in der er den *Hamlet* in höchsten Tönen lobte, sondern gleichzeitig die Rezension auch dem Literaturnobelpreiskomitee in Stockholm zukommen ließ und seinen Freund Döblin für den Literaturnobelpreis vorschlug. „Dieser Roman wurde 1945 in Los Angeles begonnen und 1946 in Baden-Baden beendet, 1956 erschien er. In einer Zeit, die in jedem grünen Jungen (...) das Grün des Frühlings erblickt, muss Deutschlands größter lebender Romancier (...) zehn Jahre auf den Druck eines Buches warten, das schwerer wiegt als mancher Zentner Papier, mit dem die Statistik der Frankfurter Messe prahlt. (...) Dies Meisterwerk ist heiter, bunt und wahr – und außerdem noch so schwer an Pathos wie das Leben. (...) Döblins Romane, Döblins Novellen, Döblins philosophische und essayistische Schriften waren einmal ein Mittelpunkt der deutschen Literatur. (...) Die deutsche Literatur wäre unendlich viel ärmer, wenn es ihn nicht gäbe. Nur weiß sie heute nichts von diesem Reichtum." Dennoch – und obwohl er die *Schicksalsreise* als eine „aufwühlende Biographie" empfand –, auch Marcuse hatte kein rechtes Verständnis für Döblins Bekehrung gefunden. In seinem Nachruf zu Döblins Tod am 26. Juni 1957 schrieb er: „Döblin war ein religiöser Wilder. (...) Und wenn er auch am Ende seines Lebens in manchen christlichen Traktätchen sich ebenso benahm wie Millionen Traktätchen-Schreiber vor ihm (ohne Döblin zu sein) – so ist doch die Geschichte seiner *Bekehrung* ähnlicher den Erfahrungen des umgetriebenen, unsteten, vieldeutigen Strindberg als den gedämpften Gefühlen irgendeines genügsamen Kirchengängers."

Gegen diese Deutung verwahrte sich jedoch Erna Döblin, indem sie Ludwig Marcuse in einem Brief v. 23.7.1957 wissen ließ: „Lieber Marcuse, sei mir nicht böse, ich hab Dich lieb und kenne Deine innere Beziehung zum Fre. Trotzdem ist Dir allerhand entgangen, sonst könntest Du nicht von ‚Sonntagstraktätchen' sprechen. Er hat im Fabulieren gesucht, seit frühester Kindheit nach Erkenntnis verlangt, in das 1. Notizbuch – er war ca. 7 Jahre – schrieb er: ‚Was ist Gott?' (...) Er versuchte es mit der Philosophie, den Religionen; sein Weg zu Christus (...) war sein ganzes Leben vorbereitet – auch in der *Reise nach Polen* (1926!) kannst Du davon lesen. Thomas von Aquin hat er täglich über Jahre stundenlang gelesen. Und nun gar die Evangelien. Er hat ein herrliches Buch (den 2. Teil von *Der unsterbliche Mensch*) *Der Kampf mit dem Engel; ein Gang durch die Bibel* hinterlassen. (...) *Die Pilgerin Aetheria*, ein Buch von der Gnade, das Lieblingswerk von Fre, blieb ungedruckt usw. usw."

Doch nicht nur in seinen nach der Bekehrung geschriebenen Büchern, auch in Interviews und auf Vortragsveranstaltungen bekannte sich Döblin zu seinem christlichen Glauben. Das trug ihm so manchen Verriss, so manchen Hohn in den Medien und in literarischen Kreisen ein. So dass etwa die Schriftstellerin Elisabeth Langgässer in einem Brief v. 5.5.1947 an Curt Winterhalter sarkastisch meinte: „Dass Einer, (der früher Einer von ihnen war) vor dem Kreuz niederfällt und anbetet, mag noch angehen, und wenn er gar Franzose ist, wird es sogar als neueste literarische Mode ‚verziehen', dass aber ein solcher Geist seine Konversion nicht in *ästhetischen* Kategorien vollzieht, sondern zuletzt hinkniet wie ein alter Bauer – etwas schwerfällig mit steifen Knien – und auch so betet: ‚Seele Christi, heilige mich. Leib Christi, erlöse mich, Blut Christi, tränke mich' – das darf nicht sein. Denn das ist ja gelebt, um Gottes Willen! Das ist Zeugnis! Das ist ganz einfach die persönlich erlebte und begrenzte Wahrheit eines Mannes, der schrecklicherweise noch dazu Döblin heißt. Welch eine Katastrophe!"

Dabei war aus dem Ex-USPD-Sympathiesanten und Ex-SPD-Mann Döblin kein apolitischer oder konservativ eingestellter Bürger geworden. So lehnte er beispielsweise auch entschieden die Wiederbewaffnung der Bundesrepublik ab. Aber dass er bekennender Christ geworden war, reichte für manche offensichtlich schon aus, ihn als Literat und gesellschaftspolitischen Denker zu diskreditieren und abzulehnen. (Walter Muschg: „Beim Wiedersehen mit Berlin lachten die dortigen Schriftsteller den ‚fromm gewordenen' Verfasser von *Berlin Alexanderplatz* aus, denn man spricht zwar seit Kriegsende viel von Risiko, Engagement und Existenz, aber man spricht nur davon.") Allerdings: den optimistischen Glauben der politischen Linken, dass Gesellschaftsveränderungen im sozialistischen Sinne quasi zwangsläufig befriedete Zustände und einen „neuen", besseren Menschentyp hervorbrächten, dieser Sicht konnte Döblin sich nicht mehr anschließen.

Dass Döblin sich überhaupt wieder in Deutschland niedergelassen hatte, hängt auch mit seinem Wunsch zusammen, sich am demokratischen Aufbau seines Heimatlandes aktiv zu beteiligen. So äußert er sich regelmäßig in der Sendereihe „Kritik der Zeit" im Südwestfunk, publiziert die in hoher Stückzahl herausgegebene Schrift *Der Nürnberger Lehrprozess* und ist Mitbegründer der Akademie der Wissenschaften und Literatur in Mainz. Auch bringt er eine eigene kulturelle Zeitschrift unter dem Titel *Das Goldene Tor* heraus. Das Blatt „wollte die vom Nazismus unterbrochene geistige Tradition wiederherstellen. (...) Wahrheit sollte verbreitet werden, die Gewissen aufgerufen und Mut eingeflößt werden" (Alfred Döblin). Doch die Herausgabe der Zeitschrift muss bereits 1951 wieder eingestellt werden. Auch muss Döblin erleben, dass er als Autor in der Bundesrepublik nicht mehr recht gefragt ist. Günter Grass: „Döblin lag nicht richtig. Er kam nicht an. Der progressiven Linken war er zu katholisch, den Katholiken zu anarchistisch, den Moralisten versagte er handfeste Thesen, fürs Nachtprogramm zu unelegant, war er dem Schulfunk zu vulgär; weder der *Wallenstein*, noch der *Giganten*-Roman ließen sich konsumieren; und der Emigrant Döblin wagte 1946 in ein Deutschland heimzukehren, das sich bald darauf dem Konsumieren verschrieb." Döblin fühlt sich boykottiert. Auch missbehagt ihm die in seinen Augen restaurative politische und gesellschaftliche Entwicklung, die die noch junge Bundesrepublik unter Adenauer nimmt. Enttäuscht entschließt er sich wiederum, Deutschland zu verlassen und erneut nach Paris zu ziehen (April 1953).

Zu diesem Zeitpunkt ist Döblin bereits ein sehr kranker Mann. Ein schwerer Herzinfarkt liegt soeben hinter ihm. Weitere Erkrankungen stellen sich ein und verschlechtern seinen Gesundheitszustand dramatisch. Immer häufiger, immer länger muss er sich in Krankenhäusern und Sanatorien aufhalten. Wird schließlich zu einem Pflegefall. Doch sein Geist bleibt hellwach. Am 26. Juni 1957 wird Alfred Döblin schließlich von seinen Leiden erlöst.

Im Jahr 2011 kam Wilfried F. Schoellers Döblin-Biographie heraus. Darin „begleitet Schoeller", so Lothar Struck in dem Literatur-Magazin „Glanz & Elend", „Döblins Hinwendung zum Christentum zuweilen mit einem leicht despektierlichen Unterton. (...) Immer wieder spekuliert er über die Ernsthaftigkeit dieser Konversion." Mit seiner Darstellung habe er auch dessen Sohn Stefan „aufgebracht". Ihn zitiert Struck mit den Worten: „Ein anderer Punkt, der mich betroffen macht, ist Ihre (gemeint ist Schoeller; M.H.) ‚Theorie' über die nachlassende Glaubenskraft meines Vaters. Es ist richtig, und das habe ich auch mehrfach öffentlich gesagt, dass Vater ein kontinuierlicher Gottsucher war und die ‚Straßen', die zu ihm führten, suchte. Es ist sicher, dass er in den letzten Jahren seines Lebens ‚Zweifel' hatte. Aber wer hat in seinem Leben nie Zweifel bekommen. Auch Heilige haben gezweifelt. Was er nach seiner Rückkehr nach Deutschland und besonders während der Zeit seiner Krankheit vermisste, waren die regelmäßigen Diskussionen und Gespräche, die er in Los Angeles und Paris mit Jesuiten führte und die seine Gedanken befruchteten. Ich kann versichern, dass ihm Gott immer präsent war, wenn ich ihn in dunklen Momenten in den Kliniken im Schwarzwald besuchte. Nur um ein Beispiel zu geben: Er fragte mich immer nach meinen Kindern, ob sie die Messe regelmäßig besuchten und ob mein ältester Sohn, Francis, bei katholischen Pfadfindern mitmachte." Alfred Döblin selbst hatte einmal in *Der Kampf mit dem Engel* geschrieben: „Als ich jung war, hielt ich es mit der Philosophie und glaubte alles erfassen zu können, im Grunde, um mich über alles zu stellen. Ich verbot meinem Gefühl, sich einzumischen. Ich legte mir Fesseln an. Ich bin älter geworden. Die Fesseln habe ich durchgescheuert. Sie haben mich gehindert, meine Hände zu Gott zu erheben, wie meine Hände wollten. Das war die Frucht der Gelehrsamkeit. Das Alter führt meinen Leib dem Tod zu, mich aber dem Leben."

Anmerkungen

[1] Die folgenden vier Beiträge sind im Deutschen Pfarrerblatt erschienen, und zwar in den Ausgaben 11/2019-2/2020. Der Nachdruck erfolgt mit freundlicher Genehmigung.

Literatur- und Quellennachweis

Althen, Christina: Alfred Döblin. Leben und Werk in Erzählungen und Selbstzeugnissen, Düsseldorf 2006
Bernhardt, Oliver: Alfred Döblin, München 2007
Brecht, Bertolt: Werke, Bd. 15, Berlin/Frankfurt 1993
Döblin, Alfred: Autobiographische Schriften, Olten 1978
Döblin, Alfred: Briefe, Olten/Freiburg 1970
Döblin, Alfred: Schicksalsreise, München 1996
Döblin, Alfred: Der unsterbliche Mensch/Der Kampf mit dem Engel, München 1992
Muschg, Walter: Nachwort in Döblins *Hamlet*, München 2000, 575ff
Riley, Anthony W. in seinem Nachwort zur *Schicksalsreise*, 483ff
Schuster, Ingrid u. Bode, Ingrid (Hrsg.): Alfred Döblin im Spiegel der zeitgenössischen Kritik, Bern 1973
Weyembergh-Boussart, Monique: Alfred Döblin, Bonn 1970
www.glanzundelend.de/pdf/biographie_mit_makeln.pdf

Heinrich Heine:
Taufe und späte Bekehrung

Als Harry Heine (wie Heinrich Heine ursprünglich hieß) am 13.12.1797 zur Welt kommt, sind das Herzogtum Berg und seine Hauptstadt Düsseldorf seit gut zwei Jahren von französischen Revolutionstruppen besetzt. Seit 1806 gehört das Herzogtum schließlich ganz zu Frankreich. Kaiser Napoleon setzt in dem annektierten Gebiet in den Folgejahren verschiedene freiheitliche Reformen durch, wozu nicht zuletzt die Einführung des Code civil gehört. Dieser macht ein Ende mit der Leibeigenschaft und gibt Juden wie Nichtjuden die gleichen Rechte. Die Privilegien von Adel und Kirche werden aufgehoben. Für all das wird Heine Napoleon sein Leben lang verehren.

Heines Eltern waren in ihrer religiösen Einstellung liberal ausgerichtet. Der Vater, Samson Heine, war Textilkaufmann und in der Düsseldorfer Gesellschaft integriert. Dass auch ihre insgesamt vier Kinder sich in der Gesellschaft etablierten und assimilierten, war das besondere Ziel seiner Frau Betty, die selbst einer renommierten Bankiers- und Gelehrtenfamilie entstammte. Besonders mit Harry, ihrem Ältesten, hat sie hochfliegende Pläne.

Der besucht ab 1810 das humanistische Gymnasium („Lyceum“) in Düsseldorf. Die drei Heine-Söhne sind lange Zeit die einzigen jüdischen Schüler dieser angesehenen Bildungsanstalt, die ursprünglich ein Jesuitengymnasium gewesen war. 1819 nimmt Heine an der Bonner Universität ein Studium in Rechts- und Kameralwissenschaft auf. Dieses Studium eröffnete eine Perspektive auf einen möglichen Posten im Staatsdienst bzw. in der Verwaltung.

Wenngleich noch 1812 der preußische Staatskanzler Hardenberg den Juden die Zulassung zu akademischen und anderen öffentlichen Ämtern ermöglicht hatte, so machte jedoch zehn Jahre später eine königliche Kabinettsorder diesen Schritt wieder rückgängig. Überhaupt war das politische Klima in Europa seit dem Sturz Napoleons und den 1815 erfolgten Beschlüssen des Wiener Kongresses auf eine Restauration der alten, vornapoleonischen Verhältnisse ausgerichtet. Was dazu führte, dass liberale, freiheitlich ausgerichtete Bestrebungen rigoros unterdrückt wurden.

Doch trotz der neuen Bestimmungen war für Heine auch jetzt noch die Möglichkeit, in einem Staats- oder Verwaltungsamt unterzukommen und hier Karriere zu machen, nicht völlig ausgeschlossen. Denn sofern ein Jude sich taufen ließ und zum Christentum konvertierte, standen ihm hier immer noch alle Wege offen. Heine selbst hatte am 3.5.1825 an der Göttinger Universität sein juristisches Doktorexamen bestanden. Zur endgültigen Erlangung des Doktorgrades musste er jetzt nur noch seine Promotionsthesen in einer Disputation am 20. Juli verteidigen. Zuvor jedoch ließ er sich am 28. Juni 1825 im thüringischen Heiligenstadt taufen.

Der Pfarrer der dortigen lutherischen Diasporagemeinde, Gottlob Christian Grimm, scheint ein verständnisvoller Mann und der Spätaufklärung anhängender Theologe gewesen zu sein, mit dem sich reden ließ. Er macht dem um seine Anonymität besorgten jüdischen Taufbewerber mehrere Zugeständnisse. So sichert er ihm eine Haustaufe in seinem eigenen Pfarrhaus zu. Auch wurde ihm die Teilnahme an einem christlichen Unterricht, der eigentlich Vorbedingung einer Taufe war, erlassen. Der Bezirksregierung in Erfurt teilte Grimm mit, dass Heine einen solchen Unterricht für unnötig erklärt habe, „weil er das Neue Testament seit langer Zeit immer bei sich trage und eine genaue Kenntnis der christlichen Religion erworben habe, was sich bei der Prüfung, der er sich willig unterwerfe, zeigen werde".

Vor dem Taufakt lud Grimm den Göttinger Studenten zu einer „Unterredung über die Lehren der christlichen Religion" ein, wobei er ihm verspricht: „(...) und wenn sich aus derselben ergibt, dass Sie die Hauptlehren kennen, so sollen Sie an demselben Tage noch oder am folgenden in aller Stille in Gegenwart des Sup(erintendenten) Bonitz die Taufe empfangen".

Die vorgeschlagene „Unterredung" findet schließlich am 28. Juni in Heiligenstadt statt. Wenige Tage später meldet Grimm der Regierung in Erfurt, dass die von ihm im Beisein von Dr. Bonitz vorgenommene Prüfung Heines ergeben habe, „dass wir beide in dem Urteil übereinstimmten, er sei in Hinsicht seiner Kenntnis von den Lehren des Christentums vollkommen vorbereitet zur Aufnahme in die Gemeine der Christen, und es sei kein Grund vorhanden, die Taufe ihm vorzuenthalten. Daher wurde er kurz nach der Prüfung in Gegenwart des Herrn Dr. Bonitz, welcher die Stelle des Taufzeugen übernahm, am 28. Juni vormittags in meiner Wohnung von mir getauft und erhielt die Namen, die er gewünscht hatte: Christian Johann Heinrich, mit Beibehaltung seines bisherigen Familiennamens Heine." Damit war aus Harry Heine fortan Heinrich Heine geworden.

Noch 1823 hatte Heine seinen Freund Moses Moser hinsichtlich einer Taufe zwecks Konversion zum Christentum wissen lassen: „Aus meiner Denkungsart kannst Du es Dir wohl abstrahieren, dass mir die Taufe ein gleichgültiger Akt ist, dass ich ihn auch symbolisch nicht wichtig achte. (...) Aber dennoch halte ich es unter meiner Würde und meine Ehre befleckend, wenn ich, um ein Amt in Preußen anzunehmen, mich taufen ließe. (...) Ich weiß wirklich nicht, wie ich mir in meiner schlechten Lage helfen soll." Hatte Heine sich dann also doch am Ende eines langen Ringens aus purem Opportunismus und in dem Bewusstsein, dass „der Taufzettel das Entre Billet zur europäischen Kultur (ist)" – so eine Notiz von ihm aus dem Jahre 1930 – taufen lassen? Bevor man über Heine den Stab bricht, sollte man aber nicht das eigentlich Skandalöse übersehen, dass darin besteht, dass Staat und Gesellschaft damals einer solchen Heuchelei durch den Umstand Vorschub leisteten, dass nur einem formal christlich getauften Juden die vollen Bürgerrechte zuerkannt wurden.

Die Möglichkeit eines entsprechenden Taufmissbrauchs war natürlich auch dem Heiligenstädter Geistlichen bewusst. Daher hatte er auch in seiner Taufansprache ausdrücklich darauf hingewiesen: „Und obschon mit dem Bekenntnis der Lehre Jesu im christlichen Staate auch wichtige äußerliche Vorteile verknüpft sind, so sind es diese doch nicht und sollen es auch nicht sein, welche in dieser feierlichen Stunde Ihnen vorschweben. (...) Ihrem Verlangen, an die Gemeinde der Christen sich anzuschließen, muss die Überzeugung zu Grunde liegen, dass in den Schriften derselben die meiste Gotteserkenntnis, die herrlichsten Belehrungen und erquickendsten Leistungen, die äußeren Antriebe zum Guten, die seligsten Gattungen der Unschuld zu finden sind."

Doch mit einer solchen Lobpreisung des Christentums – zumal in seiner protestantischen Ausprägung – konnte sich damals Heine durchaus einverstanden erklären. In *Zur Geschichte der Religion und Philosophie in Deutschland* (1834) attestiert er dem Protestantismus in Deutschland, dass durch ihn „die Menschen tugendhafter und edler" würden. Auch besaß er nicht nur eine große Wertschätzung gegenüber der Person und der Lehre Christi – ohne dass bei ihm von einem Glauben *an* Jesus (im dogmatischen Sinne) gesprochen werden könnte –, sondern hegte auch große Sympathien für Martin Luther.

„Ruhm dem Luther!", ruft Heine in der schon erwähnten *Geschichte der Religion und Philosophie in Deutschland* aus. „Ewiger Ruhm dem teuren Manne (...), von dessen

Wohltaten wir noch heute leben! (...) Von dem Reichstage an, wo Luther die Autorität des Papstes leugnet und öffentlich erklärt: ‚dass man seine Lehre durch die Aussprüche der Bibel selbst oder durch vernünftige Gründe widerlegen müsse!', da beginnt ein neues Zeitalter in Deutschland. (...) Dadurch entstand in Deutschland die sogenannte Geistesfreiheit oder, wie man sie ebenfalls nennt, die Denkfreiheit. (...) Aber dieser Luther (...) gab dem Gedanken auch das Wort. Er schuf die deutsche Sprache. Dies geschah, indem er die Bibel übersetzte."

Und wie sieht Heine Jesus? In einem Gedicht, das Heine in der *Harzreise* veröffentlicht hat (1826), heißt es, dass der „liebe Sohn" den Menschen „liebend die Liebe offenbart / Und zum Lohne, wie gebräuchlich / Von dem Volk gekreuzigt ward". In *Die Stadt Lucca* (1930) wiederum scheint Heine, der sich inzwischen immer mehr vom christlichen und jüdischen Glauben distanziert hat, zu bedauern, dass die „seligen" griechischen Götter durch das Christentum entzaubert worden sind. Dann jedoch stellt er die nachdenkliche Frage, ob die „Delinquentenreligion" (wie er das Christentum abschätzig bezeichnet), nicht doch „vielleicht nötig (war) für die erkrankte und zertretene Menschheit?" Und er fährt fort: „Wer einen Gott leiden sieht, trägt leichter die eignen Schmerzen. Die vorigen heiteren Götter, die selbst keine Schmerzen fühlten, wussten auch nicht wie armen gequälten Menschen zu Mute ist, und ein armer gequälter Mensch könnte auch, in seiner Not, kein rechtes Herz zu ihnen fassen. (...) Sie wurden deshalb auch nie so ganz von ganzem Herzen geliebt. (...) Von allen Göttern, die jemals gelebt haben, ist daher Christus derjenige Gott, der am meisten geliebt worden ist." Und in den *Französischen Zuständen* (1832) vertritt Heine die Meinung, dass Christus „für die Gleichheit und Brüderschaft der Menschen gestorben ist".

Heine huldigte zunehmend einem Fortschrittsglauben und einem Zukunftsoptimismus, die auf eine zunehmende Befreiung des Menschen zielten und von einer positiven, freiheitlichen Entwicklung der politisch-gesellschaftlichen Verhältnisse ausgingen. Darin zeigt sich Heines starke Beeinflussung durch den Philosophen Hegel, an dessen Vorlesungen er während seiner Studienzeit an der Berliner Universität (1821-1823) teilgenommen hatte. Dass „die Weltgeschichte der Fortschritt im Bewusstsein der Freiheit (ist) – ein Fortschritt, den wir in seiner Notwendigkeit zu erkennen haben", dieser berühmte Satz Hegels hatte es ihm ganz besonders angetan. Hegel hatte gelehrt, dass eine ewige, absolute Vernunft, ein „Weltgeist", den Weltprozess steuert. Dabei habe sich die Welt-, Kultur- und Religionsgeschichte auf dialektische

Weise – d.h. mittels des schöpferischen Dreischritts von These, Antithese und Synthese – stufenmäßig immer weiter und höher entwickelt. Dieser ominöse Gott bzw. „absolute Weltgeist" – von Hegel mehr oder weniger pantheistisch aufgefasst – gelange im Menschengeist zum Selbstbewusstsein und zur Selbsterkenntnis. Der Mensch also „göttlich", gottgleich oder zumindest gottähnlich und das Maß aller Dinge?

Aber nicht nur Hegels Geschichtsdialektik und die Vorstellung von der „Vergöttlichung" des Menschen faszinierten Heine nachhaltig, auch die sozialutopischen Ideen und Lehren des französischen Sozialreformers Saint-Simon (1760-1825) und dessen Schüler Bazard und Enfantin sprachen ihn immer stärker an – besonders in ihrer pseudoreligiösen Ausprägung. Deren Bestreben und Ziel war ja nicht nur eine Gesellschaft, in der die bisherigen Standesunterschiede aufgehoben wären und ein jeder nach seinem Beitrag für das Gemeinwohl entlohnt würde, sondern ihnen strebte in ihrem rein diesseitigen ökonomisch-evolutionären Weltbild auch ein „Neues Christentum" vor, wodurch die Menschen geistig und moralisch verbessert würden und es zu einer gesellschaftlichen Verwirklichung des Liebesgebotes kommen sollte. Besonders erfreute es Heine, der dem offiziellen Christentum nicht nur die traditionelle Verbindung von „Thron und Altar", sondern auch Sinnenfeindlichkeit und asketische Verherrlichung vorwarf, dass hier einer „Rehabilitierung des Fleisches" das Wort geredet und den körperlich-sensuellen Bedürfnissen und Genüssen des Menschen volle Berechtigung zuerkannt wurde. Poetisch drückt Heine sein neues Credo so aus:

> „Es wächst heran ein neues Geschlecht,
> Ganz ohne Schminke und Sünden,
> Mit freien Gedanken, mit freier Lust –
> Dem werd ich alles verkünden."

Und wenn er „ein kleines Harfenmädchen" vom „irdischen Jammertal" singen hört, „Von Freuden, die bald zerronnen, / Vom Jenseits, wo die Seele schwelgt/ Verklärt in ewgen Wonnen", so will Heine statt des „alten Entsagungsliedes", statt des „Eiapopeia vom Himmel" eine andere Botschaft den Menschen mitteilen, bei der es um nicht weniger als die Realisierung des Himmels auf Erden geht:

> „Ein neues Lied, ein besseres Lied,
> O Freunde, will ich Euch dichten!

Wir wollen hier auf Erden schon
Das Himmelreich errichten."
(In: Deutschland. Ein Wintermärchen; 1844)

Heines Pläne und Hoffnungen, nach seiner Promotion und Konversion eine ihm angemessen erscheinende Anstellung im Staatsdienst zu erlangen, hatten sich schnell zerschlagen. Stattdessen gelang es ihm schon früh, sich als Schriftsteller einen Namen zu machen. Bereits während seiner Studentenjahre war er durch einen Band gefühlvoller Gedichte, aber auch durch zahlreiche journalistische Beiträge aufgefallen. Bald schon gesellten sich seine *Reisebilder* hinzu, in denen er auf oftmals ironisch-satirische Weise kritisch auf die politischen und gesellschaftlichen Verhältnisse seiner Zeit einging.

Im Juli 1830 war in Paris die sogenannte „Julirevolution" ausgebrochen. Nach den Protesten und dem Aufstand der Pariser Bevölkerung gegen die restaurativen Bestrebungen des Königs Karl X. wurde erneut der Bourbonen-Herrschaft in Frankreich ein Ende gemacht. Als neuer König wurde der Herzog von Orleans, Louis-Philippe, gewählt. Er war bereit, die Rechte des Parlaments zu respektieren, und gab sich selbst volksnah und liberal. „Bürgerkönig" wurde er genannt.

Heine selbst, der die Ereignisse der Julirevolution aufmerksam verfolgt hatte und sich von ihren Ergebnissen viel versprach, hatte sich am 1. Mai 1831 in der französischen Metropole niedergelassen. Seine Stellung in Deutschland war inzwischen unhaltbar geworden, nachdem die preußische Zensurbehörde für Teile seines Werkes ein Verkaufsverbot beim Ministerium des Innern und der Polizei durchgesetzt hatte. Insbesondere hatte man ihm „gotteslästerlichen Frevel" vorgeworfen.

1841 heiratete Heine Augustine Mirat (von ihm „Mathilde" genannt), nachdem er mit dem jungen Mädchen schon mehrere Jahre zusammengelebt hatte. Dass Mathilde auch mit dem Segen der katholischen Kirche getraut werden wollte, war für den Bräutigam kein Problem. Es focht ihn auch nicht an, dass er sich zuvor schriftlich verpflichten musste, die aus ihrer Ehe hervorgehenden Kinder in der Religion der Mutter erziehen zu lassen.

Im Februar 1848 wird der französische König Louis Philippe gestürzt. Dann wird auch noch im Juni eine Arbeitererhebung gewaltsam niedergeschlagen. Heine ist irritiert.

Sein auf der Philosophie Hegels beruhender optimistischer Glaube an eine positive Geschichtsentwicklung gerät ins Wanken. Hinzu kommt, dass seit etwa 1845 seine gesundheitliche Verfassung rasant abnimmt. Im September 1847 muss er seinem Arzt vermelden, dass er aufgrund einer Lähmung der Beine und Füße kaum noch einen Schritt zu gehen vermag. Auch der Unterleib sei „bedeutend paralysiert“. 1848 liegt er schließlich ganz darnieder. Acht lange, qualvolle Jahre muss er, so gut wie vollständig gelähmt, in der „Matratzengruft“ seiner Wohnung zubringen. Fast blind. Der eigene Körper – ein Skelett! Immer wieder von schmerzhaften Krämpfen heimgesucht. Nur durch die Einnahme hoher Gaben von Opium lassen sich die wahnsinnigen Schmerzen betäuben. Heine ist total auf die Hilfe anderer angewiesen, die ihn pflegen, füttern und reinigen müssen. Für den einstigen Lebemann ist die Party zu Ende. Die Krankheitsdiagnose ist übrigens bis heute unklar geblieben. Heine selbst, der sich bereits als Student zweimal eine Geschlechtskrankheit zugezogen hatte, ging wohl von einer syphilitischen Erkrankung aus und deutete sein Leiden als „Krankheit der glücklichen Männer“.

Trotz allem dichtet Heine weiter! So erscheint 1851 der Gedichtband *Romanzero*. Im Nachwort überrascht der Verfasser die Leser mit dem freimütigen Bekenntnis: „Wenn man auf dem Sterbebette liegt, wird man sehr empfindsam und weichselig und möchte Frieden machen mit Gott und der Welt. (...) Seit ich selbst der Barmherzigkeit Gottes bedürftig, habe ich allen meinen Feinden Amnestie erteilt; (...) Gedichte, die nur halbwegs Anzüglichkeiten gegen den lieben Gott selbst enthielten, habe ich mit ängstlichem Eifer den Flammen überliefert. (...) Ja, ich bin zurückgekehrt zu Gott, wie der verlorene Sohn, nachdem ich lange Zeit bei den Hegelianern die Schweine gehütet. (...) Das himmlische Heimweh überfiel mich und trieb mich fort (...) über die schwindligsten Bergpfade der Dialektik. Auf meinem Wege fand ich den Gott der Pantheisten, aber ich konnte ihn nicht gebrauchen. Dies arme träumerische Wesen ist mit der Welt verwebt (...), gleichsam in ihr eingekerkert, und gähnt dich an, willenlos und ohnmächtig. Um einen Willen zu haben, muss man eine Person sein, und um ihn zu manifestieren, muss man die Ellbogen frei haben. Wenn man nun einen Gott begehrt, der zu helfen vermag – und das ist doch die Hauptsache –, so muss man auch seine Persönlichkeit, seine Außerweltlichkeit und seine heiligen Attribute, die Allgüte, die Allweisheit, die Allgerechtigkeit usw. annehmen. Die Unsterblichkeit der Seele, unsre Fortdauer nach dem Tode, wird uns alsdann gleichsam mit in den Kauf gegeben.“

Heine ist bei seiner schrecklichen Erkrankung, bei seinem qualvollen Siechtum so recht aufgegangen, wie ein Glauben an die „Schönheit" und an eine Selbsterlösung sich in der Konfrontation mit dem eigenen Elend und der eigenen Vergänglichkeit als Lug und Trug erweist. Auf buchstäblich plastische Weise ist ihm dies bewusst geworden, als er – bereits schwer von seiner Krankheit gezeichnet – sich in den Louvre begibt, um noch einmal all die Schönheit und Pracht der ausgestellten Bilder und Statuen auf sich wirken zu lassen. „Nur mit Mühe", erinnert er sich wehmütig, „schleppte ich mich bis zum Louvre, und ich brach fast zusammen, als ich in den erleuchteten Saal trat, wo die hochgebenedeite Göttin der Schönheit, unsere liebe Frau von Milo, auf ihrem Postament steht. Zu ihren Füßen lag ich lange, und ich weinte so heftig, dass sich dessen ein Stein erbarmen musste. Auch schaute die Göttin mitleidig auf mich herab, doch sogleich so trostlos, als wollte sie sagen: *Siehst du denn nicht, dass ich keine Arme habe und also nicht helfen kann*?"

Wichtig war es für Heine zu betonen, dass ihn seine Heimkehr zu einem persönlichen Gott nicht in die Arme irgendeiner Kirche, auch nicht zur dezidierten Annahme kirchlicher bzw. christlicher Dogmen geführt habe. Er gesteht offen, dass ihm kein besonderes Bekehrungserlebnis und keine besondere Erleuchtung zuteil geworden sei. So schreibt er im Mai 1852 in der Vorrede zur 2. Auflage seines 1834 erschienenen Werks *Zur Geschichte der Religion und Philosophie in Deutschland* (von dessen Inhalt – namentlich in „Bezug auf die große Gottesfrage" – er sich nun ausdrücklich distanziert!): „In der Tat, weder eine Vision, noch eine seraphitische Verzückung, noch eine Stimme vom Himmel, auch kein merkwürdiger Traum (...) brachte mich auf den Weg des Heils, und ich verdanke meine Erleuchtung ganz einfach der Lektüre eines Buches – eines Buches? Ja, und es ist ein altes, schlichtes Buch, bescheiden wie die Natur, auch natürlich wie diese; ein Buch, das werkeltätig und anspruchslos aussieht, wie die Sonne, die uns wärmt, wie das Brot, das uns nährt; ein Buch, das so traulich, so segnend gütig uns anblickt, wie eine alte Großmutter, die auch täglich in dem Buche liest, (...) – und dieses Buch heißt dann auch ganz kurzweg das Buch, die Bibel. Mit Fug nennt man diese auch die Heilige Schrift; wer seinen Gott verloren hat, der kann ihn in diesem Buche wiederfinden, und wer ihn nie gekannt, dem weht hier entgegen der Odem des göttlichen Wortes."

Heinrich Heine musste erleben, dass Freunde und Bekannte geradezu entsetzt und höchst intolerant auf seinen wiedergefundenen Gottesglauben reagierten. In *Romanzero* schreibt er dann auch: „Ja, (...) auch mit dem Schöpfer (habe ich) Frieden gemacht, zum größten Ärgernis meiner aufgeklärten Freunde. (...) Der gesamte hohe Klerus des Atheismus hat sein Anathema über mich ausgesprochen, und es gibt fanatische Pfaffen des Unglaubens, die mich gerne auf die Folter spannten, damit ich meine Ketzereien bekenne."

Doch Heine vermag einfach nicht mehr so vollmundig von der eigenen menschlichen, gottähnlichen Größe zu reden und über Gott abzulästern – so wie einst, da er noch „gesund und feist" war und „so übermütig wie der König Nebukadnezar vor seinem Sturze". Und wie es die mit ihm befreundeten Karl Marx oder Max Ruge und andere hegelianischen Religionskritiker immer noch wagen. Denn inzwischen ist in ihm „eine leibliche und geistige Veränderung eingetreten. Wie oft seitdem", so fährt er in seinem Nachwort *Zur Geschichte der Religion und Philosophie in Deutschland* fort, „denke ich an die Geschichte dieses babylonischen Königs, der sich selbst für den lieben Gott hielt, aber von der Höhe seines Dünkels erbärmlich herabstürzte, wie ein Tier am Boden kroch und Gras aß – (...) Es stehen überhaupt noch viel schöne und merkwürdige Erzählungen in der Bibel, die ihrer Beachtung wert wären, z. B. gleich im Anfang die Geschichte von dem verbotenen Baume im Paradiese und von der Schlange, der kleinen Privatdozentin, die schon sechstausend Jahre vor Hegels Geburt die ganze hegelsche Philosophie vortrug. Dieser Blaustrumpf ohne Füße zeigt sehr scharfsinnig, wie das Absolute in der Identität von Sein und Wissen besteht, wie der Mensch zum Gott werde durch die Erkenntnis, oder, was dasselbe ist, wie Gott im Menschen zum Bewusstsein seiner selbst gelange. – Diese Formel ist nicht so klar wie die ursprünglichen Worte: Wenn ihr vom Baume der Erkenntnis genossen, werdet ihr sein wie Gott! (...) Aber kaum hatte sie (d.i. Eva; M.H.) von dem lockenden Apfel gegessen, so verlor sie ihre Unschuld und Unmittelbarkeit. (...) Auch diese biblische Geschichte, zumal die Rede der Schlange, kommt mir nicht aus dem Sinn (...)."

Heines Abschied von dem Wahn eigener Großartigkeit und Gottähnlichkeit geschah, wie oben bereits erwähnt, spätestens im Jahre 1848, als die unaufhaltbar fortschreitende Verschlimmerung seiner Erkrankung, aber auch die politischen Ereignisse der Februarrevolution ihn zu einer desillusionierten, ungeschminkten Realitätswahrnehmung führten. „Just in den Tagen des allgemeinen Wahnsinns", so Heine in seinen *Geständnissen*, „kam ich selber wieder zur Vernunft! (...) Ich kehrte zurück in die niedre Hütte der Gottesgeschöpfe, und ich huldigte wieder der Allmacht eines höchsten Wesens, das den Geschicken dieser Welt vorsteht und das auch hinfüro meine eignen irdischen Angelegenheiten leiten sollte. Letztere waren während der Zeit, wo ich meine eigne Vorsehung war, in bedenkliche Verwirrung geraten, und ich war froh, sie gleichsam einem himmlischen Intendanten zu übertragen, der sie mit seiner Allwissenheit wirklich viel besser besorgt. (...) Ich bin nur ein armer Mensch, der obendrein nicht mehr ganz gesund und sogar sehr krank ist. In diesem Zustand ist es eine wahre Wohltat für mich, dass es jemand im Himmel gibt, dem ich beständig die Litanei meiner Leiden vorwimmern kann, besonders nach Mitternacht, wenn Mathilde sich zur Ruhe begeben, (...) Gottlob! in solchen Stunden bin ich nicht allein, und ich kann (...) ganz mein Herz ausschütten vor dem Allerhöchsten und ihm manches vertrauen, was wir sogar unsrer eignen Frau zu verschweigen pflegen."

Das Klagen und Weinen vor Gott, das mit dem Ewigen und Allmächtigen stattfindende Gespräch – von Heine vertrauensvoll-ergeben, dann wieder protestierend, aber stets geistreich und zuweilen sogar in leicht parodistischer Form geführt (der Ex-Gottesleugner ist immer noch für eine Pointe gut!) –, diese „Hiob"-Gespräche sind dem schwer Leidenden nicht nur Therapeutikum, sondern zugleich auch sinnstiftender Ausdruck seiner ihm zukommenden menschlichen Würde und Stellung vor Gott, den er in einer existenziellen persönlichen Krisensituation neu entdeckt hatte und dessen Abhängigkeit von ihm er nunmehr akzeptiert und als Entlastung empfindet. Und so könnte man mit Karl-Josef Kuschel von Heines Bekehrung auch sagen, dass sie „theologisch (...) als Wiederfinden des rechten Maßes zwischen Gott und Mensch, Schöpfer und Geschöpf, Kreatur und Kreator" verstanden werden kann.

In den *Geständnissen* bekennt Heine noch einmal, dass er die „Wiedererweckung" seines „religiösen Gefühls" der Bibel verdanke. Geradezu verblüfft stellt er fest: „Sonderbar! Nachdem ich mein ganzes Leben hindurch mich auf allen Tanzböden der Philosophie herumgetrieben, allen Orgien des Geistes mich hingegeben, mit allen möglichen Systemen gebuhlt, ohne befriedigt worden zu sein, (...) – jetzt befinde ich mich plötzlich auf demselben Standpunkt, worauf auch der Onkel Tom steht, auf der Bibel, und ich knie neben dem schwarzen Betbruder nieder in derselben Andacht."

Besonders Moses, diese „Riesengestalt", hat es ihm angetan! Er schwärmt geradezu: „Wie klein erscheint der Sinai, wenn der Moses darauf steht! Dieser Berg ist nur das Postament, worauf die Füße des Mannes stehen, dessen Haupt in den Himmel hineinragt, wo er mit Gott spricht – Gott verzeih mir die Sünde, manchmal wollte es mich bedünken, als sei dieser mosaische Gott nur der zurückgestrahlte Lichtglanz des

Moses selbst, dem er so ähnlich sieht, ähnlich in Zorn und in Liebe – Es wäre eine große Sünde, es wäre Anthropomorphismus, wenn man eine solche Identität des Gottes und seines Propheten annehme – aber die Ähnlichkeit ist frappant." Und: „Nicht wie die Ägypter formierte er seine Kunstwerke aus Backstein und Granit, sondern er baute Menschenpyramiden (...), er nahm einen armen Hirtenstamm und schuf daraus ein Volk, das ebenfalls den Jahrhunderten trotzen sollte, ein großes, ewiges, heiliges Volk, ein Volk Gottes, das allen andern Völkern als Muster, ja der ganzen Menschheit als Prototyp dienen konnte: er schuf Israel! (...) Ich sehe jetzt, die Griechen waren nur schöne Jünglinge, die Juden aber waren immer Männer, nicht bloß ehemals, sondern bis auf den heutigen Tag, trotz achtzehn Jahrhunderten der Verfolgung und des Elends."

Und man reibt sich die Augen, wenn der frühere Hedonist und Anhänger einer gebotsfreien Moral noch eins draufsetzt, indem er jetzt die Ansicht vertritt: „In der Tat, mit seinem spiritualistischen Glauben, seinen strengen, keuschen, sogar asketischen Sitten, kurz mit seiner abstrakten Innerlichkeit, bildete dieses Land und sein Volk (gemeint ist Israel; M.H.) immer den sonderbarsten Gegensatz zu den Nachbar-Ländern und Nachbar-Völkern, die den üppig buntesten und brünstigsten Naturkulten huldigend, im bacchantischen Sinnenjubel ihr Dasein verluderten. Israel saß fromm unter seinem Feigenbaum und sang das Lob des unsichtbaren Gottes und übte Tugend und Gerechtigkeit." So kann es dann auch nicht wunder nehmen, dass Heine, der sich einst als Kind seiner jüdischen Herkunft schämte, mit einem gewissen Understatement nun erklärt: „Und wenn nicht jeder Geburtsstolz bei dem Kämpen der Revolution und ihrer demokratischen Prinzipien ein närrischer Widerspruch wäre, so könnte der Schreiber dieser Blätter stolz darauf sein, dass seine Ahnen dem edlen Hause Israels angehörten, dass er ein Abkömmling jener Märtyrer, die der Welt einen Gott und eine Moral gegeben, und auf allen Schlachtfeldern des Gedankens gekämpft und gelitten haben."

Bei all seinen Bekenntnissen (zu Gott, zur Bibel, zum jüdischen Volk) fällt aber eines auf: Ein eigentliches, offenes Bekenntnis zu Christus fehlt. Doch merkt Heine immerhin in den *Geständnissen* an: „Ebensowenig die Taten der Juden, wie ihr eigentliches Wesen, sind der Welt bekannt. Man glaubt sie zu kennen, weil man ihre Bärte gesehen, aber mehr kam nie von ihnen zum Vorschein, und wie im Mittelalter sind sie auch noch in der modernen Zeit ein wandelndes Geheimnis. Es mag enthüllt werden an dem Tage, wovon der Prophet geweissagt, dass es alsdann nur noch einen Hirten und eine Herde geben wird, und der Gerechte, der für das Heil der Menschheit geduldet, seine glorreiche Anerkennung empfängt." Ein indirektes Christus-Bekenntnis?

Heinrich Heine verstarb am 17. Februar 1856.

Literatur- und Quellenverzeichnis

Heine, Heinrich: Sämtliche Schriften, Bd. 2, München 1976/2
Heine, Heinrich: Sämtliche Schriften, Bd. 3, München 1978/2
Heine, Heinrich: Sämtliche Schriften, Bd. 4, München 1978/2
Heine, Heinrich: Sämtliche Schriften, Bd. 6/I, München 1985/2
Hauschild, Jan-Christoph/Werner, Michael: Heinrich Heine, München 2002
Kuschel, Karl-Josef: Der Kampf mit Gott: Heinrich Heine, Düsseldorf 2009
Kuschel, Karl-Josef: Vielleicht hält Gott sich einige Dichter. Literarisch-theologische Porträts, Mainz 1991
Liedtke, Christian: Heinrich Heine, Reinbek 1997
Schlingensiepen, Ferdinand: Heinrich Heine als Theologe, München 1981
Schlingensiepen, Ferdinand/Windfuhr, Manfred (Hg.): Heinrich Heine und die Religion, ein kritischer Rückblick, Düsseldorf 1998

Karl Jakob Hirsch:
„Heimkehr zu Gott"

Der am 13. November 1892 in Hannover geborene Karl Jakob Hirsch wuchs in gut situierten, großbürgerlichen Verhältnissen auf. Seine Mutter Maria Hirsch, geb. Marx, entstammte einer wohlhabenden jüdischen Bankiers- und Kaufmannsfamilie. Sein Vater war ein jüdischer HNO-Arzt und Sanitätsrat von exzellentem Ruf. Dessen Vater wiederum war Kaufmann, Rabbiner und Redakteur des „Jeschurun", einer Zeitschrift für orthodoxes Judentum. Das Periodikum hatte Karl Jakobs streng-gläubiger Urgroßvater, der Frankfurter Oberrabbiner Samson Raphael Hirsch, gegründet. Er war zu seiner Zeit bei seinen Glaubensgenossen eine hochgeachtete, einflussreiche Autorität und gilt als Begründer der „Neu-Orthodoxie", einer Richtung innerhalb der jüdischen Religionsgemeinschaft, die sich gegen ein liberales und assimilationswilliges Judentum ausrichtete.

Der Einfluss dieses frommen patriarchischen Vorfahren strahlte noch in das Elternhaus Karl Jakob Hirschs hinein. Man hielt nicht nur sein Andenken in hohen Ehren und war stolz, ihn als Ahnherrn zu haben, sondern fühlte sich auch als seine Nachfahren den Gebräuchen und Riten der jüdischen Tradition besonders verpflichtet. Entsprechend achtete man auf eine Erziehung der Kinder in den Bahnen der jüdischen Orthodoxie. Gleichzeitig ging der Abscheu vor dem christlichen Glauben der Umwelt so weit, dass es als ein Tabubruch galt, wenn der Junge in der Weihnachtszeit bei christlichen Freunden den Weihnachtsbaum auch nur berührte oder gar von den angehängten Leckereien naschte. „Denn der Weihnachtsbaum", so K. J. Hirsch, „war das Symbol der Geburt jenes Mannes, der, nach Ansicht der Juden, die Lehre Moses' verraten hatte. Der Name dieses Mannes und alles, was mit seiner Religion zu tun hatte, wurde in unserem frommen jüdischen Hause nicht genannt."

Dennoch scheint dem Arztsohn schon recht früh aufgefallen zu sein, dass die angestammte jüdische Frömmigkeit von der Mutter zwar unreflektiert hingenommen und gelebt, von seinem eigenen Vater jedoch eigentlich nur mehr der Form nach realisiert wurde. Und dass ferner nicht wenige jüdische Gläubige – und wohl auch sein eigener Vater – sich bei der Befolgung der komplizierten jüdischen Gesetze gewisser Freiheiten und kleiner „Eselsbrücken" bedienten, „um bürgerlichen Anstand mit jüdischer Frömmigkeit zu vereinbaren". Das alles scheint den Jungen irritiert und verstört zu haben. Und wenngleich sein Vater auch sein Judentum hochhielt und betonte, so war ihm doch andererseits gesellschaftliche Assimilierung und Anerkennung sehr wichtig. Später wird Karl Jakob Hirsch über seinen Vater schreiben: „Die traditionelle Frömmigkeit wurde in äußerlicher Hinsicht gewahrt. Aber in Wirklichkeit war mein Vater schon ein Produkt jenes aufgeklärten Zeitalters, das an nichts glaubte, was es nicht sah."

Hirschs im Jahr 1936 (!) in der *Jüdischen Bibliothek* erschienener Fortsetzungsroman *Hochzeitsmarsch in Moll* enthält, wie die meisten seiner Romane, viele autobiographische Züge. So ist es auch für den eigenen familiären Hintergrund des Autors bezeichnend, dass sein Protagonist, der junge Intellektuelle Walter Heller, über seinen jüdischen Vater, den Arzt Dr. Heller, äußert: „Mein Vater war ein aufgeklärter und kluger Mensch, ein ehrgeiziger Bürger, er ließ mich jüdisch erziehen, und ich ließ es mir gefallen. Gerade als ich leidenschaftlich die Geschichte und die Gebräuche meines Volkes zu lieben begann, merkte ich, dass mein Vater im Grunde das verachtete, was er von mir forderte. Ein wenig kindlicher Trotz hielt mich ab, gleich alles über Bord zu werfen, was an jüdischen Dingen mich noch belastete. Aber ich tat es im gleichen Augenblick, in dem ich beschloss, ein ‚freier Mensch' zu werden."

Obwohl die festliche Begehung der jüdischen Feiertage das Kind durchaus anzusprechen vermochte und für ihn „die Schönheiten der jüdischen Freitag-Abende unübertrefflich waren", so empfand es schon früh ein großes Ungenügen an der von ihm abverlangten, schablonenhaften Befolgung formaler Vorschriften und Gebote, deren Sinn er nicht einzusehen vermochte. Auch stößt ihn in der Synagogenschule, die zweimal in der Woche zu besuchen er gezwungen ist, der ausgeübte Drill und das rein mechanisch betriebene Lehren und Lernen ab. Dabei war dem Kind eine religiöse Sehnsucht, eine Bereitschaft und Offenheit für ein religiöses (Er-)Leben durchaus nicht wesensfremd – doch die Art der Vermittlung des jüdischen Glaubens wirkte dem nun einmal kontraproduktiv entgegen. So wurde etwa von den Schülern des jüdischen Religionsunterrichts verlangt, „die Gebete in hebräischer Sprache auswendig zu lernen. Wer sie dann am schnellsten hersagen konnte, war der beste Schüler (...). Dieser Gebetsmühlenbetrieb", urteilt Hirsch in seiner Autobiographie *Heimkehr zu Gott*, „zermahlte alle ursprüngliche Freude und alle Ehrfurcht vor Gott, er schuf Automaten, keinen gotterfüllten Menschen. Alle Ehrfurcht, die ich vor Gott hatte, verwandelte sich in Entsetzen. (...) In dem Religionsunterricht wurde eine Karikatur geschaffen, die auch den überzeugtesten und frömmsten Jungen zum Atheisten machen konnte. Ich begann unter meinem Judentum zu leiden. Ich wollte Jude sein, fromm und gottesfürchtig, aber man zeigte mir nicht den Weg. Man ließ mich allein. Meinen Eltern konnte ich nichts sagen, denn sie wollten es nicht hören."

Auf dem Gymnasium gehört der schmächtige, krankheitsanfällige Karl Jakob nicht gerade zu den besten Schülern. Nur zu gerne gibt er sich Tagträumen hin und verliert sich in dem Reich der Fantasie. In diesem spielt die Musik eine immer größere Rolle. Bereits als Kind versteht Karl Jakob virtuos auf dem Klavier zu spielen. Schon früh steht für ihn fest, dass er einmal „Künstler", d.h. Klavierspieler oder Dirigent werden wird.

Da zieht sich der Junge eine schlimme Blutvergiftung zu, die von einer kleinen Wunde im Nagelbett des rechten Zeigefingers ausgeht. Wochenlang zieht sich die Krankheit hin. Zeitweise schwebt das Kind in Lebensgefahr. Am Ende der langen Leidenszeit, die ihn in seiner Entwicklung – wie es ihm vorkommt – um Jahre reifer und älter werden lässt, hat er den Glauben an Gott und das Interesse für ihn vollends verloren. „Nichts als eine kindische Erinnerung an altertümliche Gebräuche" – so kommt ihm sein bisheriger Gottesglaube vor. Verloren hat er aber auch seinen Traum von einer Musiker-Karriere, da aufgrund der Sepsis ein Glied seines rechten Zeigefingers amputiert werden musste.

Karl Jakob Hirsch ist jedoch nicht nur musikbegabt, auch für die Malerei zeigt er Talent. So nimmt er dann auch nach seinem Abitur 1909 in München ein Kunststudium auf. Im Ersten Weltkrieg wird er wegen seiner schwächlichen Konstitution erst im Herbst 1916 einberufen. Er wird jedoch nicht an die Front geschickt, sondern unter anderem als Schreiber eingesetzt.

Als dann bei Kriegsende in Berlin, Kiel und anderen Städten die „Novemberrevolution" ausbricht, ist Hirsch voller Begeisterung und Tatendrang dabei. Er wird in den „Rat geistiger Arbeiter" gewählt. Beteiligt sich an Kundgebungen der Linken. Gehört zu den Mitbegründern der „November-Gruppe", „einer Vereinigung von Malern und Bildhauern, die den Expressionismus als Weltanschauung in Wort und Bild dokumentierten" (Hirsch). Schon früh macht er sich als expressionistischer Zeichner und Grafiker sowie als Bühnenbildner einen Namen. Seit Mitte der Zwanzigerjahre ist er dann vermehrt schriftstellerisch tätig. 1931 gelingt ihm mit dem Roman *Kaiserwetter* sein literarischer Durchbruch.

Wie Döblins kurz zuvor erschienener Roman *Berlin Alexanderplatz* ist auch Hirschs *Kaiserwetter* ein gesellschaftskritischer Großstadtroman. Allerdings spielt sich das Romangeschehen nicht in der Gegenwart, d.h. in der Zeit der Weimarer Republik, ab, sondern es umfasst die letzten zwei Jahrzehnte der Vorkriegszeit, als Deutschland unter Wilhelm II. noch Kaiserreich war. Auch ist als Schauplatz der Handlung nicht die deutsche Metropole, sondern Hannover, die Geburtsstadt des Dichters, gewählt. In das Romanzentrum sind zwei Familien gegensätzlicher Gesellschaftsklassen gestellt: hier die großbürgerliche des strebsamen, assimilationsbeflissenen jüdischen Anwalts Salomon de Vries, dort die kleinbürgerliche des kaiser- und obrigkeitshörigen Postbeamten und Ex-Feldwebels Emanuel Tölle. Ihre beiden Söhne – der schwächliche, empfindsame Joe de Vries (Hirschs Alter Ego) und der robuste, skrupelfreie Bernhard – verbindet eine aus unterschiedlichen Interessenlagen eingegangene Freundschaft. Der Roman macht deutlich, dass es – aller Selbstgefälligkeit und allem naiven Fortschrittsglauben weiter Bevölkerungskreise zum Trotz – in dem nur vordergründig stabilen Gebälk des Kaiserreichs bereits unheilvoll knirscht und moralische und politisch-gesellschaftliche Auflösungsprozesse ablaufen. Und mit dem verdeckten, ressentimentsgeladenen Antisemitismus des Bürgertums werden bereits die Weichen gestellt für den aggressiven Antisemitismus der Nazis später.

Im Jahr 1933, als die Nazis tatsächlich an die Macht gekommen waren, gelang Hirsch bei S. Fischer mit *Felix und Felicia*, einer „kleinen Sommergeschichte" (so der Untertitel), noch eine weitere Veröffentlichung. Allerdings hatte sich Hirsch dabei nach Vorgabe seines Verlags eines Pseudonyms bedienen müssen. Die Vorsicht des Herausgebers erscheint begründet, galt doch der Autor Karl Jakob Hirsch bei den Nationalsozialisten schon vor ihrer Machtergreifung nicht nur seiner jüdischen Herkunft, sondern auch seiner politischen Anschauungen wegen als unliebsamer Schriftsteller. So war dann bei der von den Nazis inszenierten Bücherverbrennung am 10. Mai 1933 im Berliner Lustgarten unter den Büchern, die „den Flammen übergeben" wurden, auch Hirschs *Kaiserwetter*. Noch im gleichen Jahr untersagte ihm die Reichsschrifttumskammer als nicht „reinblütigen Deutschen" jede weitere Tätigkeit als Schriftsteller und Journalist.

Um vorübergehend Abstand von den für die Juden in Deutschland so entwürdigenden Zuständen zu gewinnen, aber auch um sich über seine gegenwärtige Situation Klarheit zu verschaffen, hält sich Hirsch in der zweiten Hälfte des Jahres 1933 für einige Monate in Dänemark auf. Der in dieser Zeit entstandene Roman *Hochzeits-*

marsch in Moll gibt deutlich Kunde von dem Dilemma des Autors selbst. Denn Walter Heller (die Hauptfigur), der im Grunde für seine Person eine von Herkunft, Religion und gesellschaftlicher Norm freie und unabhängige Existenz anstrebt, wird durch private und politische Umstände ungewollt mit der jüdischen Daseinsfrage konfrontiert. Doch Heller vermag keine ihm entsprechende, befriedigende Lösung der ihm durch sein Judentum aufgeworfenen (und aufgezwungenen) existenziellen Problematik zu finden. Verstört und hilflos und einer verbindlichen Entscheidung ausweichend, verharrt er unentschlossen zwischen den sich ihm anbietenden möglichen Konfliktlösungen: als Zionist sich der Kibbuzbewegung in Palästina anzuschließen (wie es Hirschs Zwillingsbruder Gottfried tun sollte), sein Judentum als moderner, assimilierter Europäer abzustreifen oder zur orthodoxen jüdischen Frömmigkeit seiner Kindheit zurückzukehren. Das Buch selbst konnte jedoch in Nazideutschland nicht mehr verlegt werden. Aber es erschien – erstaunlich genug – als Serienveröffentlichung in der *Jüdischen Bibliothek*, einer Literatur-Beilage des *Israelitischen Familienblattes*, in dessen Redaktion Hirsch nach seinem 1933 erhaltenen Publikationsverbot (welches sich auf „deutsche" Zeitungen bezog) eingetreten war.

Hirsch sieht immer klarer, dass er als Jude in Deutschland keine Zukunft hat. Seine berufliche Situation und Entwicklung als Schriftsteller ist blockiert und ohne Perspektive. Das beklemmende Gefühl von Existenzangst und physischer Bedrohung durch ein willkürlich herrschendes Terrorregime bemächtigt sich seiner. Ende Juni 1936 gelingt es ihm, sich mit der Familie in die Schweiz abzusetzen. Bereits im Frühjahr 1937 entschließt er sich dann, sein weiteres Exil in den USA zu suchen.

Wie so viele andere deutsche Emigranten, tat auch Hirsch sich schwer, in Amerika Fuß zu fassen. Seine wirtschaftlichen Verhältnisse besserten sich erst, als er 1942 eine feste Anstellung beim Civil Service erhielt, nachdem er ein Jahr zuvor die amerikanische Staatsbürgerschaft erhalten hatte. Seine Aufgabe war, die Korrespondenz der deutschen Kriegsgefangenen nach möglichen Spionageinhalten hin zu untersuchen. Obgleich überzeugter Atheist, hatte er zuvor das Gelübde abgelegt, „ein frommer Jude zu werden", wenn seine Anstellung bei der Regierung Erfolg haben würde. Doch änderte sich in dieser Hinsicht bei ihm nach der Gebetserhörung zunächst nichts. („Etwas mahnte mich von Zeit zu Zeit an mein Gelübde, wieder fromm zu werden. Aber ich empfand Dutzende von Ausreden, um es unmöglich zu machen.") Es traten jedoch immer wieder punktuelle Ereignisse in seinem Leben auf, die sich im Nachhinein als bedeutungsvoll erweisen sollten.

Da gibt es etwa das Gespräch mit einem deutschen Freund, einem bekennenden Christen, dem er von der Unmöglichkeit berichtet, jenes abgelegte Gelöbnis zu erfüllen, da er „nicht rückwärts gehen“ könne. Woraufhin ihm der Freund zu bedenken gibt: „Warum gehst du nicht vorwärts? (...) Es kommt nicht darauf an, dass du ein frommer Jude wirst. Werde fromm! Glaube! Ordne dich einer höheren Macht unter!“ Oder er erhält die Nachricht von einem schlimmen Unfall seines Sohnes. Wobei er auf dem Weg zur Klinik erneut seinen Atheismus vergisst und nun beten kann: „Lieber Gott, lass meinen Jungen nicht sterben!“ Dann wiederum ist es eine eher unbedeutende Begegnung mit dem ihm nur flüchtig bekannten Pastor Forell – einem zum Christentum übergetretenen Juden –, der nach einer Beerdigung eines gemeinsamen Freundes auf Hirschs spaßig gemeinte Bemerkung: „Auf meiner Beerdigung brauchen Sie bestimmt nicht in eine Kirche zu gehen“, wie beiläufig erwähnt: „Aber hoffentlich in eine Synagoge!“ – und damit ungewollt bei Hirsch eine Saite zum Klingen bringt, die diesen geradezu verstört.

Das war im Februar 1944. Im selben Monat übt die Erstaufführung des Films „Song of Bernadette“ (nach Franz Werfels gleichnamigem Roman) eine merkwürdige Faszination auf Hirsch aus, die er in seiner Autobiographie so beschreibt: „Hier begegnete mir zum ersten Mal die Geschichte der Wunder von Lourdes und die Erzählung von jenem einfachen Bauernmädchen Bernadette, das die Heilquellen entdeckte. Die Darstellung von Jennifer Jones war so hinreißend und natürlich, dass auch der Ungläubigste tief erschüttert war. (...) Ich erlebte die Frömmigkeit, nicht die katholische oder evangelische oder irgendeine kirchliche Frömmigkeit. Ich begriff an diesen Filmabenden das Glück des Fromm-sein-Könnens.“

Ende Februar erkrankt Hirsch schwer. Die Ärzte diagnostizieren bei dem Bewusstlosen eine doppelte Lungenentzündung mit einer Herzlähmung. Der Patient schwebt zwischen Leben und Tod. „Ich weiß es heute besser als je“, schreibt Hirsch rückblickend, „dass nur das quälende Gefühl des Noch-nicht-fertig-Seins mich zwischen Leben und Sterben hin- und herriss. (...) Ich hatte nur den Wunsch, aus diesem Dunkel wieder ans Licht zu kommen.“ Und dann macht der Kranke eine merkwürdige Erfahrung: „Es geschah in der Nacht, in der an meinem Ohr der Sauerstoffapparat brauste (...), dass ich plötzlich ein Licht sah, das von keiner irdischen Quelle gespeist wurde. Es war ein Hellsein in mir und um mich; das Licht war tönend, es klang in allen Akkorden meiner geliebtesten Musik. (...) Es war (...) tröstlich und beruhigend.“ In seiner Fieberphantasie ist ihm, als ob das „tönende Licht“ eine Melodie singen würde,

„die in keiner Symphonie vorhanden war, sondern in der Begleitmusik zu dem Film ‚The Song of Bernadette'."

Wie immer man das Erlebnis Hirschs in jener Nacht seiner schweren Krankheitskrise, in der er „von der Sphäre des Todes in die des Lebens glitt", bewerten mag, so löste es doch Eines in ihm aus: „Seit dieser Nacht kenne ich nicht mehr das Verlassenheitsgefühl, denn ich begriff, dass etwas Stärkeres als ich selbst da war, das mich schützte und behütete. In den Stunden und Tagen, die folgten, wurde mir immer klarer, dass ich zum ersten Mal in meinem Leben erkannt hatte, dass ich ein Geschöpf Gottes sei." Obgleich dieser Gott für Hirsch noch an kein Bekenntnis gebunden ist, so ist ihm dennoch Folgendes gewiss: „Dieser Gott (...) war nicht der strafende Jehova, sondern der verzeihende Christus. Und ich brauchte Verzeihung und Liebe; denn ich war schuldig gewesen, so tief schuldig, wie ein Mensch nur sein kann, der glaubt, dass er der Herr seines Geschickes wäre. Jehova hätte mich getötet, aber der Gott der Liebe erlöste mich. Als ich aus dem Schlaf meiner Krankheit in das dämmernde Licht der Genesung erwachte, da war mir dies klar: Ich war heimgekehrt zu Gott."

Als Rekonvaleszent hat Hirsch viel Zeit über das, was an ihm geschehen, nachzudenken. Schließlich bittet er einen Freund um eine Bibel. Mit großem Herzklopfen schlägt er aufs Geratewohl das Buch auf. Da stößt er auf *„den Satz*, der mir alle Hemmungen und Bedenken fortriss, der mir die Kraft gab, an das zu glauben, was ich sehnlichst wünschte. Es war der Satz (...): ‚Es sei denn, dass jemand von neuem geboren werde, so kann er das Reich Gottes nicht sehen.' Diesen Satz las ich so lange, bis ich ihn ganz begriffen hatte. Ich verstand ihn. Das Erlebnis der Wiedergeburt war mir zuteil geworden. Hilflos, schwach und krank, aber mit neuen Kräften versehen, gleichsam wiedergeboren, das war mein Zustand." Seine „Lieblingsbeschäftigung" wird nun die Lektüre des Neuen Testaments: „Ich genoss jedes Wort und jede Silbe. Ich kostete, ich empfand die Schönheit und begriff den tiefen Sinn. Der Doppelsinn eines jeden Christuswortes wurde mir klar. Es waren Worte des Diesseits und zugleich des Jenseits, Worte, die eine greifbare und geistige Bedeutung zugleich hatten."

In den Wochen und Monaten nach seiner Genesung wagt es Hirsch noch nicht so recht, seinen Glauben an Christus zu bekennen. Das hängt nicht nur damit zusammen, dass er sein Jude-Sein nicht verleugnen möchte, sondern er fürchtet auch das Unverständnis seiner jüdischen Bekanntschaft. Hinzu kommt, dass er sich auf seinem neuen Weg noch unsicher fühlt und selbst noch voller Fragen ist, die der Klärung bedürfen. Da ist es gut und ihm eine große Hilfe, dass er sich seinem neuen Freund, dem Pastor Forell, offenbaren und anvertrauen kann. Viele Stunden des Austauschs verbringt er mit dem Geistlichen. Auch fühlt er sich in den wöchentlich abgehaltenen, von Forell geleiteten „Bibelstunden" in der Presbyterianischen Gemeinde sehr wohl. In diesem intimen, kleinen Kreis wird nicht nur regelmäßig ein Kapitel aus der Bibel miteinander besprochen, sondern auch die persönlichen Nöte der einzelnen Teilnehmer.

Am Karfreitag 1945 lässt Hirsch sich schließlich von Pastor Forell taufen. Zu einem erhebenden, unvergesslichen Erlebnis wird ihm am Nachmittag seines Tauftages die Aufführung der Matthäus-Passion unter Leitung von Bruno Walter in der New Yorker Carnegie-Hall. Hirsch: „Wie oft hatte ich diese Passion gehört, und doch jetzt, heute in der Carnegie-Hall in New York, (...) traf es mich wie noch nie. Ich sah mit wachsender Klarheit den Weg zur Erlösung. Es war keine Flucht gewesen, es war der Weg, den zu gehen *Gott* mir befohlen hatte. (...) Es war der Spätnachmittag, an dem die Aufführung endete, der Chor sang: ‚Wir setzen uns mit Tränen nieder', und ich saß unter ihnen, durfte mit weinen, mit Tränen vergießen, da Christus auch für mich gestorben war." Um 9 Uhr abends findet dann die Taufe statt. „Als ich die Wassertropfen auf meiner Stirn fühlte", so Hirsch, „wusste ich, dass mein Leben einen neuen Sinn bekommen hatte. Ich war am Ende einer langen Reise angelangt (...) und bereit, einen neuen Pfad zu beschreiten. Pastor Forell fragte mich: ‚Nun, wie fühlen Sie sich?' Ich aber antwortete: ‚Ich glaube, ich war niemals ein besserer Jude als heute."

Hirsch will nun auch öffentlich Rechenschaft ablegen von seinem Glauben und seiner Bekehrung. So entsteht sein Bekenntnisbuch, die Autobiographie *Heimkehr zu Gott*, in der er „in Briefen an meinen Sohn" seine Lebensgeschichte und seinen Weg zum Christentum beschreibt. Bereits 1946 wird das Buch veröffentlicht. In den Schlusssätzen von *Heimkehr zu Gott* erklärt Hirsch: „Mein Weg als Jude führte zu Christus; freudig und ohne jedes Zögern tat ich diesen Schritt, weil ich anders nicht existieren konnte. Es ist der einzige Weg, den jeder Jude begreifen sollte. Wenn einige diesen Schritt, den ich tun musste, missverstehen, wenn sie mir vorwerfen sollten, dass ich mich vor dem Judenschicksal retten wollte, so muss ich sagen, dass es nicht um Rettung, sondern um Erlösung geht. Christus ist ein Jude gewesen, wie die Apostel es waren. Christus starb nicht nur für die Juden, er erlöste durch seinen Tod alle Kreaturen Gottes. In meiner Todesnacht kehrte ich heim zu *Gott*. Der Herr aber erweckte mich und führte mich zu *Christus*."

Im Spätsommer 1945 war Hirsch im Auftrag des Kriegsministeriums nach Deutschland zurückgekehrt. Zwei Jahre arbeitete er als Zivilbeamter für die amerikanische Militärregierung im Münchner Vorort Pullach. Wiederum als Briefzensor. Doch er kann sich immer weniger mit den USA, dessen Staatsbürger er ja ist, identifizieren. Deren gnadenloses kapitalistisches System stößt den nach wie vor politisch links stehenden Hirsch ebenso ab, wie der amerikanische Militarismus.

Als seine beiden Dienstjahre in Deutschland um sind, kehrt Hirsch im August 1947 in die USA zurück. Allerdings nur für ein Jahr. Er fühlt sich einfach nicht mehr wohl in dem Land, das ihn einst aufgenommen. Vor seiner erneuten Rückkehr nach Deutschland machte er Erfahrungen mit Christen, die seinem Verständnis von gelebtem Christentum widersprachen. Infolge einer Erkrankung hatte er für längere Zeit ein Krankenhaus, die Diakonissenanstalt „Liberty Corner", aufsuchen müssen. „Ich stieß", so sein Eindruck, „auf eine Stätte so unbeugsamer Frömmigkeit, dass ich erschrak. Nichts von christlicher Güte war zu spüren, im Gegenteil, man nahm meine so späte Taufe gar nicht ernst. (...) Ich begegnete einer starren, fast sturen Frömmigkeit, die keine Debatten zuließ." Auch stößt Hirsch der zur Schau getragene Patriotismus der Schwestern ab. Besonders stört ihn, wenn Wohlhabende, die das Krankenhaus besuchen, wie etwa Stifter und Gönner der Diakonissenanstalt, im Gegensatz zu den Normalsterblichen von der Oberin bei der Begrüßung oder Verabschiedung ganz besonderer Ehren und Aufmerksamkeit gewürdigt werden. Und dann lernt er auch noch den strengen und arg selbstgerechten Pfarrer namens Amos kennen, der nach der Bekanntgabe der Ermordung Mahatma Gandhis zu dem erschütterten Hirsch nichts Besseres zu sagen weiß als: „Jeder Mord ist furchtbar, gewiss, aber Gandhi war ja kein Christ." Von den „Weisheiten und Wundern der Bergpredigt" nimmt Hirsch jedenfalls in dem christlichen Krankenhaus wenig wahr, so dass ihm an diesem Ort die „Gestalt des Nazareners karikiert" erscheint, und er schlussfolgert: „Sie ist es wahrscheinlich an allen kirchlichen Plätzen." Was seine eigene Person betrifft, so sagte er sich bei seiner Entlassung, „dass mein Platz niemals unter den Menschen sein konnte, die das für heilig hielten, was ich ‚Lippendienst' nannte".
Wie man sieht, bleibt Hirsch auch als Christ Einzelgänger und Rebell. Das führt ihn allerdings tragischer Weise zu einem eher singulär und elitär gelebten Christsein, das

meint, ohne das Korrektiv einer christlichen Gemeinde oder Gemeinschaft auskommen zu können. Wobei er im Grunde selbst dem erliegt, was er an anderen kritisiert, nämlich einer gewissen Form von Selbstgerechtigkeit und Überheblichkeit. Hirsch ist zwar ein scharfer, unbestechlicher Beobachter mit einem starken Gerechtigkeitsgefühl, doch er neigt – bei aller Berechtigung seiner Kritik – ganz offensichtlich zu Einseitigkeiten und unzulässigen Verallgemeinerungen.

Dieser Hang nun zeigt sich bei ihm auch in der Politik. Als er im Sommer 1948 wieder nach Deutschland zurückgekehrt ist – bestrebt, sich beim Aufbau eines neuen, demokratischen Deutschlands einzubringen –, muss er erfahren, dass er als Schriftsteller im Nachkriegsdeutschland nicht mehr gefragt ist. Auch sagt ihm die politische und gesellschaftliche Entwicklung der sich etablierenden Bundesrepublik ganz und gar nicht zu. Die mangelhafte Auseinandersetzung mit der Nazivergangenheit, restaurative und reaktionäre Bestrebungen sowie der propagierte Antikommunismus, das alles entspricht nicht seinen Vorstellungen.

Und auch hier zieht Hirsch Schlussfolgerungen, die durch ihre Einseitigkeit auffallen. So sieht er jetzt in der DDR eine echte Alternative. Die Zustände dort, wie auch die in der Sowjetunion, werden von ihm erstaunlich unkritisch, geradezu blauäugig wahrgenommen. In seinem 1951 entstandenen Widerstandsroman *Einer muss es ja tun* (posthum veröffentlicht 2003) heißt es in den Schlusssätzen gar: „Die Sonne geht im Osten auf. (...) Das Licht kommt aus dem Osten... Nicht nur für uns. Für alle kommt der Morgen, Licht aus dem Osten. Für uns alle. Für ganz Deutschland."

Wie verbittert Hirsch ist und urteilt, zeigen auch folgende Ausführungen: „Es wird den Leser in der Deutschen Demokratischen Republik sicherlich interessieren, dass die Existenz der Schriftsteller im besetzten Teil Deutschlands nur soweit gesichert ist, als sie es verstehen, den jeweiligen Absichten der Militärregierung oder der Zivilregierung (...) Rechnung zu tragen. (...) Die Ablehnung meiner Manuskripte, meiner Bücher oder Radio-Sendungen wurde immer häufiger. (...) Wenn die Kirche, die katholische und die protestantische, das Lager der Reaktion und des Rückschritts stärken, dann dreht sie genau den Satz des Religionsstifters Jesus von Nazareth um, der gesagt hat: ‚Wer nicht für mich, der ist wider mich.' Man muss also Farbe bekennen. Hier im Westen ist sie schwarz-weiß-rot, in der Deutschen Demokratischen Republik ist es freilich anders. Aber man hat sich angewöhnt, immer von der Diktatur des Proletariats zu faseln und den zu schmähen, der die ‚Diktatur des Kapitals' beim richtigen

Namen zu nennen wagt. (...) Mein Dasein hier in Westdeutschland ist zu Ende, (...) Meine Aufgabe ist es, zu leben und zu wirken. Wie ich es immer getan habe." Dass Hirsch sein Vorhaben, sich in der DDR niederzulassen, dann doch nicht realisierte, lag an der dramatisch zunehmenden Verschlechterung seines Gesundheitszustands infolge einer ihn körperlich mehr und mehr schwächenden Nervenerkrankung.

Es fällt auf, dass in Hirschs Spätwerk – sieht man einmal von seinen Autobiographien ab – christliche Bezüge fehlen. Immerhin werden das Anfangs- und auch das Endkapitel des von Worpswede – wo er sich in den Zwanzigerjahren aufgehalten hatte – und seiner ersten Frau Gulo handelnden Romans *Der alte Doktor* (1949/50 verfasst und 1994 erschienen) eingeleitet mit dem auf der Beerdigung der Landärztin vom Pfarrer zitierten Bibelwort: „Ist Gott für uns, wer mag wider uns sein ... welcher auch seines eigenen Sohnes nicht verschonet, sondern hat ihn für uns alle dahin gegeben; wie sollte er uns mit ihm nicht alles schenken ... denn ich bin gewiss, dass weder Tod noch Leben, weder Engel noch Fürstentümer noch Gewalten, weder Gegenwärtiges noch Zukünftiges, weder Hohes noch Tiefes noch keine andere Kreatur mag uns scheiden von der Liebe Gottes, die in Christo Jesu ist, unserem Herrn." Wobei der Autor jeweils ergänzt: „Es waren die Worte aus dem 8. Kapitel des Römerbriefes des Apostel Paulus, jenes Gewaltigen, der den Herrn, den er solange verfolgt hatte, begriff und zutiefst erkannte."

Karl Jakob Hirsch ist nach langer, schwerer Erkrankung am 8. Juli 1952 in München gestorben.

Literatur- und Quellennachweis

Hirsch, Karl Jakob: Der alte Doktor, Bremen 1994
Hirsch, Karl Jakob: Einer muss es ja tun, Weimar 2003 (Nachwort: H. Stelljes)
Hirsch, Karl Jakob: Heimkehr zu Gott, Wuppertal 1967
Hirsch, Karl Jakob: Hochzeitsmarsch in Moll, Bad Homburg 1986 (Nachwort H. J. Schütz)
Hirsch, Karl Jakob: Kaiserwetter, Hannover 2009/2 (Nachwort: H. Postma)
Hirsch, Karl Jakob: Quintessenz meines Lebens, Mainz 1990 (mit einem Vorwort von H. F. Pfanner)
Pfanner, Helmut F.: Karl Jakob Hirsch. Schriftsteller, Künstler und Exilant. Eine Biographie mit Werkgeschichte, Würzburg 2009

Franz Werfel:
„Ich bin ein christusgläubiger Jude."

Der Österreicher Franz Werfel (1890-1945) ist einer der bedeutendsten deutschsprachigen Schriftsteller des letzten Jahrhunderts. Seine Romane, wie etwa „Die vierzig Tage des Musa Dagh", „Der veruntreute Himmel", „Der Stern der Ungeborenen" u.a.m., wurden Bestseller.

Geboren wurde Werfel am 10.9.1890 in Prag, das zu der Zeit zur k. u. k. Monarchie Österreich-Ungarn gehört. Die jüdischen Eltern sind wohlhabend – der Vater ist Besitzer von zwei florierenden Handschuhfabriken – und gehören der oberen Gesellschaftsschicht an. Da ihr jüdischer Glaube eher liberal ausgerichtet ist und sich lediglich in wenigen äußeren Formen und Riten erschöpft, vermag er auf das Kind nur wenig Einfluss auszuüben. Anders ist es mit dem Glauben und der Glaubenspraxis der von ihm über alles geliebten Hausmagd Barbara Simunkova, die für Franz die bevorzugte Bezugsperson ist. Sie ist gläubige Katholikin und weckt in dem sensiblen, leicht beeindruckbaren Jungen schon früh eine Empfänglichkeit für die katholische Glaubenswelt.

Wie wenig das Judentum Franz Werfel in seiner Kindheit und Jugend bedeutete, darüber hat er sich später in seinen „Tagebucheintragungen" so geäußert: „In meiner Jugend war mir und anderen jungen Landsleuten das Judentum kein Problem. Als tiefes befruchtendes Erlebnis bestand es überhaupt nicht. (...) Unser ganzes Judentum lag darin, dass wir im Verkehr mit geistig und sozial gleichgearteten Juden uns wohler, behaglicher fühlten als im Verkehr mit ebensolchen Ariern, (...) Hatten wir Gelegenheit, Ostjuden, polnische oder russische, zu sehen, so wäre es eine Lüge zu behaupten, dass ein organisches Gefühl der Stammesverwandtschaft in uns angeschlagen hätte. (...) Was hatte ich mit diesen Menschen zu schaffen, mit dieser *fremden Welt?* Meine Welt waren die großen europäischen Künstler in ihrer Gegensätzlichkeit von Dostojewski bis Verdi."

Wie innerlich zerrissen sich Werfel zur Zeit der Abfassung dieser Bemerkungen (im Jahr 1920) fühlte, machen weitere Sentenzen deutlich, in denen er über die Frage seiner Zugehörigkeit bzw. Identität reflektiert: „Durch welches Erlebnis wurde ich mir bewusst, Jude zu sein? (...) Vor allem ist dieses Erlebnis *negativ*. (...) Ich lebe und strebe also in einer Welt, deren Kulturblüte ich leidenschaftlich liebe, die ich vermehren möchte, die das Ziel all meiner Zuneigung, Kritik, Hoffnung, Erfüllung ist, und eines Tages muss ich erkennen, dass ich ihr nicht angehöre, dass ich woanders hin zuständig bin, dorthin, wo ich mich erst recht nicht zuhause fühle. (...) Wohin also soll ich? Dort wo ich bin, gehöre ich nicht hin. Das, wohin ich gehöre, liebe ich nicht, es ist mein Traum nicht."

Das Abitur hatte der verwöhnte Fabrikantensohn mehr schlecht als recht bestanden. Musik, Theater, Literatur, das sind die Interessenfelder, von denen Franz Werfel beherrscht wird. 1912 kommt er in Leipzig beim Kurt Wolff Verlag als Lektor unter. Doch wenngleich Wolff mit seinem jungen Lektor durchaus zufrieden ist, so ist es doch Werfels Ziel, sich möglichst schnell als freier Schriftsteller zu etablieren. Bereits Ende 1911 war sein Gedichtband „Der Weltfreund" erschienen. Die Gedichte sind im modernen expressionistischen Stil verfasst und drücken in pathetischer Ausdrucksweise eine alles und jeden umfassende Liebe und eine Sehnsucht nach menschlicher Verbrüderung aus.

Im Verlauf des Ersten Weltkriegs wird Werfel, dem aufgrund seiner pazifistischen Gesinnung alles Militärische zutiefst zuwider ist, nach Galizien an die russische Front geschickt, wo er als Telefonist und Meldegänger eingesetzt wird. Ernüchtert von der Einsicht, dass der Mensch aus sich heraus, mittels eigener Kraft und Aktivität, seine existenziellen Fragen und die Probleme der Welt nicht zu lösen vermag, nähert er sich der christlichen Lehre an. In einem im Herbst 1916 in der Berliner „Neuen Rundschau" veröffentlichten offenen Brief bekennt er sich zur „christlichen Sendung", da diese „ihr Werk im Ich (vollzieht), im Bewusstsein des Menschen, weil sie in ihrer Weisheit erkennt, dass man von außen nicht verwandeln, ‚ändern' kann."

Nachdem er im Sommer 1917 ins Wiener Kriegspressequartier versetzt worden war, lernt Werfel im November 1917 Alma Mahler, die Witwe des Komponisten Gustav Mahler, kennen. Die Grande Dame Wiens, die so gerne Künstler und andere bedeutsame Männer um sich schart, ist zu dem Zeitpunkt mit dem Architekten Walter Gropius verheiratet. Das hindert sie jedoch nicht, mit Franz Werfel, dem jungen, vielversprechenden Dichter, eine Liebesbeziehung einzugehen. Der politisch „links" stehende Werfel ist der um elf Jahre älteren, äußerst konservativ eingestellten und von antisemitischen Ressentiments nicht freien Alma völlig ergeben. Auch wenn ihre Ehe mit Gropius 1919 geschieden wird, so hält sie Werfel in Punkto Eheschließung noch lange hin. Erst im Juli 1929 wird es zur Heirat kommen. Zuvor hatte sie zur Bedingung gemacht, dass Werfel aus der jüdischen Gemeinde austrete. Was dieser dann auch wenige Tage vor der Eheschließung offiziell und amtlich beeidet hat. Erst vor wenigen Jahren konnte der Alma Mahler-Biograph Oliver Hilmes nachweisen, dass Franz Werfel – offensichtlich heimlich und ohne seine Frau darüber in Kenntnis gesetzt zu haben – bereits am 5. November desselben Jahres wieder zum Judentum übergetreten war.

In dem beiderseitigen Liebesverhältnis, das immer wieder Höhen und Tiefen durchlebt, verkörpert Alma die stärkere, dominierende Seite. Sie selbst nennt Franz ihr „süßes Mannskind" und kann es nicht unterlassen, ihn immer wieder einmal seiner jüdischen Abstammung wegen zu reizen und zu demütigen. Andererseits gelingt es ihr durchaus, seinem Wesen, seiner künstlerischen Schaffenskraft mehr Konstanz, mehr Disziplin zu verleihen.

Nach dem erzwungenen „Anschluss" Österreichs an das Deutsche Reich im März 1938 flieht Werfel, der den Nazis nicht nur als Jude, sondern auch als Dichter verhasst ist, mit seiner Frau nach Frankreich. In dem in der Nähe von Toulon gelegenen kleinen Fischerdorf Sanary-sur-Mer lässt sich das Ehepaar nieder. Zwei Jahre später überschlagen sich dann die Ereignisse. Im Verlauf des Zweiten Weltkriegs überrollen im Juni 1940 deutsche Truppen Frankreich. Bereits nach wenigen Wochen kapituliert die Grande Nation und akzeptiert die Waffenstillstandsbestimmungen. Werfel ist bekannt, dass er bei der Gestapo auf der Todesliste steht und er mit einer Auslieferung an die Deutschen rechnen muss. Er versucht mit Alma aus Frankreich herauszukommen. Ihr Ziel ist die Emigration in die USA.

Doch die Flucht erweist sich schwieriger als gedacht. Franz Werfel: „Wir, meine Frau und ich, befanden uns im Süden Frankreichs, als die Katastrophe über das Land kam. Im Vollbewusstsein der Gefahr, die uns (...) drohte, versuchten wir sofort bei Abschluss des Waffenstillstandes über die spanische Grenze zu entkommen. Der Versuch misslang. Alle Konsuln verweigerten uns die notwendigen Visa, als wir in Bayonne und Biarritz unter Zehntausenden von Verzweifelten die Konsulate belagerten. Wir flohen vor den Deutschen ins Innere des Landes zurück, verbargen uns in Lourdes, gelangten schließlich nach Marseille, wo wir durch Hilfe von Freunden das ‚Visitors Visum' in die Vereinigten Staaten erhielten. Jetzt aber sperrte die französische Regierung auf Drängen der deutschen Waffenstillstandskommission für uns und unseresgleichen die spanische Grenze." Die Werfels waren daher gezwungen, zu Fuß über die Pyrenäen nach Spanien zu flüchten. Über Barcelona und Madrid gelangen sie schließlich nach Lissabon, von wo aus sie auf einem griechischen Dampfer endlich am 13. Oktober 1940 New York erreichen.

Im amerikanischen Exil begibt sich Werfel sofort daran, den Roman „Das Lied von Bernadette“ zu verfassen. Dies geschah aufgrund eines Gelübdes, das er während seines Lourdes-Aufenthaltes abgelegt hatte. In seinem „persönlichen Vorwort“ ließ der Autor die Leser wissen: „In den letzten Junitagen des Jahres 1940, nach dem Zusammenbruch Frankreichs, kamen wir auf der Flucht von unserem damaligen Wohnort im Süden des Landes nach Lourdes. (...) Wir verbargen uns mehrere Wochen in der Pyrenäenstadt. – Es war eine angstvolle Zeit. Es war aber zugleich auch eine hochbedeutsame Zeit für mich, denn ich lernte kennen die wundersame Geschichte des Mädchens Bernadette Soubirous und die wundersamen Tatsachen der Heilungen von Lourdes. Eines Tages in meiner großen Bedrängnis legte ich ein Gelübde ab. Werde ich herausgeführt aus dieser verzweifelten Lage und darf die rettende Küste Amerikas erreichen – so gelobte ich –, dann will ich als erstes vor jeder anderen Arbeit das Lied von Bernadette singen, so gut ich es kann.“ – Dieses Buch ist ein erfülltes Gelübde. Das Buch erschien bereits 1941 und wurde sofort ein Besteller.

Dass Werfel sich schon Jahre zuvor dem Christentum angenähert hatte, lassen seine in den Zwanziger- und Dreißigerjahren entstandenen Werke und gehaltenen Vorträge deutlich erkennen. So versuchte er, in dem 1926 erschienenen Drama „Paulus unter den Juden“ das Verhältnis von Judentum und Christentum mittels einer fiktiven Auseinandersetzung des zum christlichen Glauben konvertierten Paulus mit seinem ehemaligen Thoralehrer Gamaliel reflexiv darzustellen. Auch wenn Werfel es wichtig war, im Nachwort seines Dramas zu erklären, dass er niemandes Partei habe einnehmen und nichts Geringeres habe darstellen wollen, „als den entscheidenden Augenblick, in dem das Christentum sich löst von seiner Mutterwelt“, so ist doch deutlich erkennbar: Das Evangelium Christi, das, was Paulus aus einem Christusgegner und Gesetzeseiferer zu einem Anhänger Jesu gemacht hat, nämlich das Erscheinen des erwarteten Messias, mehr noch: das Kommen des Gottessohnes in die Welt, um durch seinen Kreuzestod die Menschen zu erlösen und von ihrer Schuld zu befreien, – das alles wird von Paulus (man ist geneigt zu sagen: von Werfel durch Paulus) klar und glaubensgewiss bezeugt. Während sich die Position und Argumentation der jüdischen Thoragläubigen (einschließlich Gamaliel) eher in der Defensive befinden. Insofern ließe sich auch sagen: Bereits hier, in „Paulus unter den Juden", erklärt und begründet Werfel selbst – zumindest indirekt – seine Christusgläubigkeit.

In einem leidenschaftlich geführten Disput lässt Paulus den ehrwürdigen, greisen Gamaliel wissen: „Rabbanu! Herrlicher! Jesajas Wort ist erfüllt: Ich bin gefunden von denen, die mich nicht gesucht haben. Höre, Israel! Du hast ihn gefunden!" GAMALIEL: „Ich habe einen heiligen Menschen Gottes gefunden. Und ich will zeugen für ihn. (...) Ein Fehlurteil ist geschehn in Israel. (...) Du aber eifere nicht! (...) Sehr gefährlich hat Jehoschua das Gesetz erhellt." (...) PAULUS: „Er hat mehr getan, o Herr, als das Gesetz erhellt!" GAMALIEL: „Kein Jude kann mehr tun, Schaul!" (...) PAULUS: „Rabbanu! (...) Als ich der alte Schaul war, stand zwischen mir und den Geschöpfen tote, schwarze Luft, Einsamkeit! Tod hieß der zweite Name der Welt. (...) Und jetzt? Warum ist die Einsamkeit gefallen? Was ist diese starke jauchzende Liebe in mir?! Woher die Ewigkeit im Herzen, die alle Angst und Verwesung verbrennt?! Verwandlung!!" (...) GAMALIEL: „Was hat die Liebe deines Jesus verwandelt? (...) Nicht er und nicht ich können das Böse bannen, nur das Gesetz (...), die heilige Bindung der Menschen!" PAULUS: „Die Bindung ist morsch, Rabbanu! Wie eine leere Haut liegt das Wort am Wege!" GAMALIEL: „Das hat dieser Mensch Jesus nicht gesagt!" PAULUS: „Von einem *Menschen* spricht Rabbanu!? (...) Ein *Mensch*? Hat jemals ein *Mensch* den Tod und die Verwesung gemeistert!? Ist jemals ein *Mensch* leiblich auferstanden!? Das Licht, das mit mir sprach vor Damaskus, war's ein *Mensch*!? Hat ein *Mensch* mich von mir selbst erlöst!? Kann ein *Mensch* Gottes erneuernde Gnade spenden?! Nein, Rabbanu! Das ist kein Mensch! Er zog an die Menschheit wie ein Kleid, wie du und ich dies Sterbegewand. Er selbst, Messias, die leibgewordene Schekina, Gottes Sohn, der war, ehe die Welt war!" GAMALIEL: „Schaul! Um dein und meinetwillen sag: Er war ein Mensch!" PAULUS: „Wie kann ich's! Aus uns Menschen kommt die Erneuerung nicht!" GAMALIEL: „Aus uns Menschen kommt sie allein! Um dieses Tempels willen sag: Er war ein Mensch!" PAULUS: „Nicht im Tempel, am Kreuz ward des Sühnopfers Blut ausgesprengt. Nun ist die ganze Welt der Tempel des Opfers."

Es konnte nicht ausbleiben, dass die Leser des Dramas den Eindruck erhielten, dass sein Verfasser sich weniger als Jude denn als Christ definiere. Daher sah Werfel sich noch im Jahr der Erstausgabe seines Dramas veranlasst, auf eine Anfrage des „Israelischen Wochenblattes" festzustellen: „Ihr freundliches Schreiben kommt mir sehr erwünscht, da es mir Gelegenheit gibt, gegen alle falschen oder feindseligen Gerüchte öffentlich zu erklären: *Ich bin nicht getauft! Ich werde mich niemals taufen lassen! Ich habe niemals vom Judentum fortgestrebt, ich bin im Fühlen und Denken bewusster Jude!* Dass mein Paulusdrama in jüdischen Kreisen so viele Zweifel an meiner Treue hat aufkommen lassen, kann ich nicht verstehen, ich glaube mit diesem Werke eine *nationale* Tragödie geschaffen zu haben, denn welcher Moment innerhalb der jüdischen Geschichte wäre tragischer und bedeutender als der von mir gewählte? Selbst die Zerstörung des Tempels ist eine unbedeutende Katastrophe diesem Augenblick gegenüber, die ungeheure Frage, die sich Israel selbst stellt: ‚Ist der Messias gekommen?' (...) Atheist, Materialist, Nihilist darf ein Jude heute ruhig sein, ohne gescholten zu werden, aber mit freier Seele die Tragödie der christlichen Loslösung (vom Judentum) schreiben, darf er nicht!!!"

Ähnlich wie Dostojewski, den er seit seiner Jugend verehrte, sah auch Werfel als größte Bedrohung für den Menschen und die menschliche Gesellschaft die Gottesleugnung und die mit ihr korrelierende Gott-losigkeit an. Daher führte er seit Beginn der Dreißigerjahre Vortragsreisen durch, in denen er vor eben dieser Gefährdung auf das Eindringlichste warnte. Im Vorwort dieser 1944 in Druck erschienenen Vorträge schreibt er: „Ich hielt es in halbbewusster Don-Quixoterie für meine Pflicht, den deutschen Literatur- und Studentenclubs (...) aus voller Seele ins Gesicht zu sagen, die wahre Entscheidung liege nicht zwischen rechts und links, sondern zwischen oben und unten. (...) Jeder aber bedarf der Rück-Verbindung, der re-ligio zu einem großen Ganzen. Die meisten nehmen die Ersatzreligionen, die ihnen der nihilistische Zeitgeist bietet, ebenso gedankenlos an, wie sie vordem die echte Religion angenommen haben." Zu diesen (politischen) Ersatzreligionen zählte Werfel nicht zuletzt den Nationalsozialismus, aber auch den Sozialismus.

Zurück zu Werfels Roman „Das Lied von Bernadette". Spätestens nach seinem Erscheinen stellte sich für den Verfasser immer dringlicher die Gretchenfrage nach seinem Judensein und/oder Christsein. Und damit die Frage nach einer möglichen Konversion, die er doch noch in den Zwanzigerjahren so vehement für sich ausgeschlossen hatte. Jedenfalls gaben Werfels „Bernadette"-Roman, wie auch seine persönlichen Äußerungen zu diesem Werk genügend Grund zu neuen Spekulationen über seinen religiösen Standort. So dass sich Francis J. Rummel, Erzbischof von New Orleans, veranlasst sah, sich an den Autor mit der Frage zu wenden, wie dessen Stellung zum Katholizismus eigentlich sei. In seiner Antwort an den Bischof vom 27. Oktober 1942 erklärte Werfel: „Ich bin (...) Jude und bin nie getauft worden. Andrerseits wünsche ich es vor Ihnen und der Welt zu bekennen, dass ich durch die geistigen Kräfte des Christentums und der katholischen Kirche entscheidend beeinflusst und geformt wurde, was aus dem Großteil meiner Werke ersichtlich ist. Ich sehe in der katholischen Kirche die reinste von Gott auf die Erde gesendete Kraft und Emanation, um die Übel des Materialismus und Atheismus zu bekämpfen und um der armen Menschenseele die Offenbarung zu bringen. Aus diesem Grunde und obwohl extra muros stehend habe ich es mir zur Aufgabe gemacht, mit meinen bescheidenen und geringen Mitteln den von der katholischen Kirche geführten Kampf gegen diese Übel und für die göttliche Wahrheit zu unterstützen."

Anschließend bemühte sich Werfel, die Gründe darzulegen, die ihn persönlich veranlassten, dennoch – trotz des soeben Gesagten – „extra muros" zu bleiben. Seine Ausführungen machen deutlich, wie intensiv Werfel sich mit dieser Frage beschäftigt hat und bestrebt ist, in dieser Angelegenheit sich selbst, aber auch anderen gegenüber Rechenschaft abzulegen. Folgende drei Antworten nennt Werfel dem Bischof: „Die erste: Israel geht durch die Stunde seiner unerbittlichsten Verfolgung. Ich könnte mich nicht dazu bringen, mich in dieser Stunde aus den Reihen der Verfolgten fortzuschleichen. Meine zweite Antwort folgt aus der ersten: Bekehrungen bringen dem Juden bestimmte Vorteile. (...) Ich möchte nicht den leisesten Zweifel erregen, dass ich solche Vorteile zu gewinnen suchte. Die dritte Antwort ist die wichtigste, da sie sich auf meine Seele bezieht: Theologisch gehört Israel als Gefäß der Offenbarung und Erlösung zu den mysteria magna. Die Christen und sogar die Kirche selbst, die sich das Neue Israel nennt, haben im Verlauf der Geschichte und Gegenwart in ihrer praktischen Politik dem alten Israel nicht immer volle Gerechtigkeit walten lassen. Solange es antiseptische Christen gibt (und sogar Priester wie Pater Coughlin, die Hass predigen und noch nicht exkommuniziert sind), muss sich der bekehrte Jude unwohl fühlen bei der Vorstellung, er gebe keine ganz angenehme Figur ab." Werfel schließt sein Schreiben ab mit der aufschlussreichen Formulierung: „Ihrer Exzellenz gehorsamer Diener in Christo Franz Werfel."

Interessant in diesem Zusammenhang ist auch ein Brief Werfels vom Mai 1942, in dem er dem Montrealer Professor Egbert Munzer ebenfalls seinen Glaubensstandort erklärt. Einige Passagen aus diesem Brief verdienen dabei – gewissermaßen als Ergänzung zu den späteren Ausführungen an Bischof Rummel – besondere Erwähnung. So weist Werfel etwa gegenüber Munzer darauf hin, dass es in seiner Vorwortskizze zum (demnächst erscheinenden) „Bernadette"-Roman heißen würde: „Der Verfasser ist ein christusgläubiger Jude. Er ist trotzdem ein ungetaufter Jude." Anschließend begründet Werfel – ähnlich wie in seinem späteren Brief an Rummel –, warum er sich nicht in der Lage sehe zu konvertieren. Interessant sind jedoch seine zusätzlichen Ausführungen über den besonderen Auftrag, der Israel in der Heilsgeschichte Gottes mit den Menschen zugedacht sei. „Der Verfasser ist des Glaubens", bekennt Werfel, „dass, wenn Israel als Volk und Bekenntnis aus der Welt verschwände, mit ihm der *fleischliche Zeuge* der Offenbarung nicht mehr vorhanden wäre und dadurch die Grundlage der Verkündigung zu einem schattenhaften Mythos herabsänke. (...) Vielleicht war Israels größtes Geschenk an die Welt die Rolle, die es nach dem höchsten Ratschluss im göttlichen Heilsdrama annehmen musste, um die Erlösungstat möglich zu machen. Israel war niemals Anti-Christ. Jesus als Prophet (in seinem menschlich-belehrenden Aspekt) war der Vollender der uralten Tradition und der Verklärer des biblischen Gedankenguts."

Werfel starb am 26.8.1945 an Herzversagen, nachdem sich wenige Tage zuvor bereits die letzten Stadien seiner Angina pectoris angekündigt hatten. Ist der Dichter am Ende doch ein getaufter Katholik gewesen? Die Antwort darauf ist nicht so einfach, da es hierzu unterschiedliche Aussagen gibt, die Raum für mancherlei Spekulationen bieten. Der Werfel-Biograph P. S. Jungk hatte im Verlauf seiner umfangreichen Recherchen auch den Werfel-Nachlass gesichtet, den der mit den Werfels eng befreundete amerikanische Germanist Adolf Klarmann zusammengetragen hatte. Aus dessen Aufzeichnungen entnahm Jungk, dass Alma Mahler-Werfel dem vertrauten Freund in einem persönlichen Gespräch im Oktober 1945 anvertraut habe, „ihr Mann sei kurz nach seinem Ableben doch noch getauft worden: Dank den Bemühungen des Jesuitenpaters Georg Moenius und des Erzbischofs von Los Angeles sei eine sogenannte ‚Begierdetaufe' durchgeführt worden, ein Geheimnis, welches Professor Klarmann unter allen Umständen für sich behalten müsse. Das Wort ‚secret' unterstrich der Alma-Ergebene doppelt, hielt sich zeitlebens an sein Versprechen." Diese Version hat die Werfel-Witwe jedoch anderen gegenüber nie mehr so geäußert und damit auch nicht autorisiert. Im Gegenteil: Da sie um Gerüchte einer möglichen Konversion ihres Mannes in seiner Todesstunde wusste, hatte sie derartige An- und Nachfragen später stets entschieden dementiert. Ihrem Freund Friedrich Torberg gegenüber beteuerte sie sogar: „Ich hätte ihn *not*taufen können, als ich ihn fand – *aber ich hätte es nie gewagt!*" Doch Alma Mahler-Werfel hat es nachweisbar mit der Wahrheit nie so recht ernst genommen. Was ist also wahr: Jene gegenüber Klarmann geäußerte Darstellung oder die gegenüber Torberg?

Doch es gibt weitere Ungereimtheiten. Dass Alma es nur zu gern gesehen hätte, dass der *Jude* Werfel zu seinen Lebzeiten noch durch Taufe und Übertritt in die katholische Kirche quasi auch „offiziell" *Christ* geworden wäre, davon kann wohl ausgegangen werden. Interessiert an seiner Konversion waren aber auch zwei katholische Geistliche, mit denen das Ehepaar Werfel in Amerika engen Kontakt hielt: die Patres Georg Moenius und Cyrill Fischer. Letzterer hatte bereits 1943 mit Alma in Fragen der Taufe ihres Mannes korrespondiert. Bezugnehmend auf einen soeben stattgefundenen schweren Herzanfall von Franz Werfel unterstellte er: „Ich bin der festen Überzeugung, dass manche seiner jetzigen ‚Aufregungen' Mitursache haben in dieser seelischen Wirrnis, in diesem Suchen um den lichten freien Ausgang in die katholische Kirche." Geschickt schob er hinterher: „Vielleicht sollten Sie da der Engel sein, der ihm den Weg zum Christkind zeigt. (...) Im Notfall können Sie, sollte sich sein Zustand unerwartet verschlimmern, selbst ihn taufen mit den Worten: ‚Franz, ich taufe Dich im Namen des Vaters und des Sohnes und des Hl. Geistes' und ihn während dieser Worte mit geweihtem Wasser oder sogar mit bloßem Wasser in Kreuzesform leicht begießen. (...) Ich meine, es wäre (...) eine Beglückung und Beruhigung für Franz und Sie selbst."

Am 29. August 1945 fand in Beverly Hills Werfels Beerdigung statt. Die Trauergäste in der Kapelle des Beerdigungsinstituts warteten bereits über eine Stunde auf Werfels Witwe und den Geistlichen Georg Moenius, der die Trauerfeier leiten sollte. Endlich erschien Moenius – alleine. Bis zuletzt war er bei Alma gewesen, die seine vorbereitete Rede redigiert hatte. Das Ende seiner Ansprache ließ aufhorchen. „Die Kirche", so ließ der Pater mehrdeutig verlauten, „erkennt drei Arten von Taufe an: Die Wassertaufe, die Nottaufe, die von jedem gläubigen Katholiken, falls keine Zeit ist, einen Priester zu rufen, ausgeführt werden kann, und schließlich die Begierdetaufe, die darin besteht, dass ein Mensch, der in seinen letzten Stunden auf dieser Erde wahrhaftig begehrt, in die Kirche aufgenommen zu werden, durch die schiere Kraft seines Begehrens zum Christen werden kann, ohne die Ausführung sichtbarer oder hörbarer Riten." Was hatte Moenius zu diesen Feststellungen, die natürlich der Spekulation Raum und Tor ließen, getrieben? Wollte er damit zu verstehen geben, dass bei dem Verstorbenen eine der drei Taufarten stattgefunden hatte?

Literatur- und Quellennachweis

Abels, Norbert: Franz Werfel, Reinbek 1998 (3. Aufl.)
Hilmes, Oliver: Witwe im Wahn. Das Leben der Alma Mahler-Werfel, München 2005
Jungk, Peter Stephan: Franz Werfel, Frankfurt 2006
Mahler-Werfel, Alma: Mein Leben, Frankfurt/M. 1986 (183.-190. Tsd.)
Werfel, Franz: Das Lied von Bernadette, Frankfurt 1996 (2. Aufl.)
Werfel, Franz: Paulus unter den Juden, Wien 1926
Werfel, Franz: Zwischen oben und unten, Stockholm1946
Werfel, Franz: Zwischen oben und unten. Aufsätze – Aphorismen – Tagebücher – Literarische Nachlässe, München/Wien 1975

Für das 3. Quartal 2021 ist
folgender Nachfolgeband geplant:

Gottfinder

Dichter-Bekehrungen durch die Jahrhunderte

14 Dichterporträts

Augustinus – Paul Claudel – Manfred Hausmann – Jung-Stilling –
Willy Kramp – Karl May – Pascal – Dorothy Sayers –
Reinhold Schneider – Rudolf Alexander Schröder –
T. S. Eliot – Francois Mauriac und Sigrid Undset
sowie dem Special „Georges Bernanos und die große Zeit
des Renouveau catholique"